Eveline Wouters
Sil Aarts

Ethiek van praktijkgericht onderzoek

Onder redactie van:
Eveline Wouters
Sil Aarts

Ethiek van praktijkgericht onderzoek

Zonder ethiek is het al moeilijk genoeg

Bohn
Stafleu
van Loghum

Houten 2017

ISBN 978-90-368-1751-6

© Bohn Stafleu van Loghum, onderdeel van Springer Media BV, 2017

Alle rechten voorbehouden. Niets uit deze uitgave mag worden verveelvoudigd, opgeslagen in een geautomatiseerd gegevensbestand, of openbaar gemaakt, in enige vorm of op enige wijze, hetzij elektronisch, mechanisch, door fotokopieën of opnamen, hetzij op enige andere manier, zonder voorafgaande schriftelijke toestemming van de uitgever.

Voor zover het maken van kopieën uit deze uitgave is toegestaan op grond van artikel 16b Auteurswet j° het Besluit van 20 juni 1974, Stb. 351, zoals gewijzigd bij het Besluit van 23 augustus 1985, Stb. 471 en artikel 17 Auteurswet, dient men de daarvoor wettelijk verschuldigde vergoedingen te voldoen aan de Stichting Reprorecht (Postbus 3060, 2130 KB Hoofddorp). Voor het overnemen van (een) gedeelte(n) uit deze uitgave in bloemlezingen, readers en andere compilatiewerken (artikel 16 Auteurswet) dient men zich tot de uitgever te wenden.

Samensteller(s) en uitgever zijn zich volledig bewust van hun taak een betrouwbare uitgave te verzorgen. Niettemin kunnen zij geen aansprakelijkheid aanvaarden voor drukfouten en andere onjuistheden die eventueel in deze uitgave voorkomen.
Uitgeverij Bohn Stafleu van Loghum heeft zorgvuldig getracht alle rechthebbenden van de in deze uitgave opgenomen illustraties te achterhalen. Bent u, als rechthebbende, van mening dat wij daar onvoldoende in geslaagd zijn, dan verzoeken wij u vriendelijk contact met ons op te nemen.

NUR 916

Ontwerp basisomslag: Studio Bassa, Culemborg
Automatische opmaak: Pre Press Media Groep, Zeist
Tekeningen: Ruud Aarts

Bohn Stafleu van Loghum
Het Spoor 2
Postbus 246
3990 GA Houten

www.bsl.nl

Voorwoord

Met de ontwikkeling van hogescholen van voornamelijk beroepsopleidingen naar tevens kennisinstellingen is ethiek van onderzoek hoger op de agenda gekomen. Praktijkgericht onderzoek of liever, onderzoek dat zich in de praktijk afspeelt, niet voorbehouden aan hogescholen. In allerlei vormen en contexten, zoals academische werkplaatsen, living labs, proeftuinen, vindt onderzoek in de praktijk plaats.

Binnen Fontys heeft dit, na een lange voorbereidingsperiode, in 2013 geleid tot de oprichting van een Commissie Ethiek van Onderzoek. Deze commissie houdt zich bezig met advisering van begeleiders van onderzoek rondom ethische aspecten. Daaruit voortvloeiend is het initiatief voor dit boek ontstaan. Alle commissieleden, te weten Charlotte Swolfs, Jeske Nederstigt, Christi Nierse, Yvonne van Zaalen, Maria Stortelder, Willem Gosens, Jan Vrielink, Cristel Elias, Ron Dankers, en ondergetekenden zijn hiermee enthousiast aan de slag gegaan en hebben in tweetallen de hoofdstukken geschreven en voor de ondersteunende organisatie gezorgd. Voor specifieke onderdelen (hoofdstuk 6, 8 en 9) werden ze bijgestaan door experts op de betreffende onderdelen. Voor hoofdstuk 6 was dit Desirée Joosten- ten Brinke, voor hoofdstuk 7 en 1 Peter van Zilfhout, voor hoofdstuk 8 Gerard Schouten en Bart Wernaart, en voor hoofdstuk 9 Bart Wernaart. Peter van Zilfhout heeft bovendien de normatieve reflecties aan het einde van de hoofdstukken geschreven (met uitzondering van hoofdstuk 4), alsmede delen van de eindredactie voor zijn rekening genomen.

Naast deze schrijvers, van wie de namen genoemd worden bij de hoofdstukken, is er nog een grote groep mensen die bedankt moet worden. In de eerste plaats de maker van de illustraties: Ruud Aarts. Met een paar aanwijzingen van onze kant wist hij scherp bij elk hoofdstuk een mooie cartoon te maken, die de essentie van het betreffende hoofdstuk treffend weergeeft.

Verder de lectoren, directeuren, docent-begeleiders en studenten die hun input gegeven hebben voor het boek in twee 'expertsessies': we hebben daardoor de gebruiker expliciet kunnen laten deelnemen in het idee, de opzet en de inhoud van het boek. Met namen, naast de genoemde auteurs: Jacqueline van Swet, Janienke Sturm, Hélène van den Nieuwenhoff, Tina ten Bruggencate, Helma de Keijser, Jeanine Strobbe, Mark de Graaf, Theo Cats, Johan de Jong, Joost Oomen, Simona Boersma, Lieke van Stekelenburg, René Matthijsse, Robert Schuwer, Frank Krings, Ron Ritzen, Mattie van Es, Fred Holtkamp, Marianne Nieboer, Claire van der Voort, Annelies Simons, Floor Peels, Leon Derckx, Henia Heller, Eric van Elst, en Dick Boonman, Rixt de Vos, Rionne van de Laar, Bo Dekkers.

Met inspanning van al deze mensen is dit boek tot stand gekomen. We hopen dat het een praktische ondersteuning geeft aan iedereen die onderzoek van studenten in de praktijk begeleidt, maar ook een bron van inspiratie is voor onderzoekers zelf.

Eveline Wouters en Sil Aarts
Eindhoven, 17 november 2016

Inhoud

1	**Inleiding**	1
	Peter van Zilfhout en Eveline Wouters	
1.1	Waarom ethiek van praktijkgericht onderzoek?	2
1.2	Geschiedenis van de ethiek van onderzoek	2
1.3	Wat is ethiek en wat is ethiek van onderzoek?	4
1.4	Leeswijzer van dit boek	5
1.5	Tot slot	6
	Literatuur	7
2	**De oriëntatiefase van praktijkgericht onderzoek**	9
	Christi Nierse en Yvonne van Zaalen	
2.1	Inleiding	10
2.2	Oriëntatie op de doelgroep	10
2.3	De wensen van de opdrachtgever	12
2.4	Onderwerp van een onderzoek	13
2.5	Hbo-waardig onderzoek	14
2.6	Belangenverstrengeling	15
	Literatuur	15
3	**De ontwerpfase van praktijkgericht onderzoek**	17
	Jeske Nederstigt en Maria Stortelder	
3.1	Inleiding	18
3.2	Onderzoeksontwerp in een onderwijssetting	19
3.3	Werving en selectie van deelnemers	20
3.4	Informatiebrief en informed consent	21
3.5	De anonimiteit van deelnemers	22
3.6	Meetinstrumenten	23
3.7	Dataverzameling	24
3.8	Beoogde analyses	25
	Literatuur	26
4	**De uitvoeringsfase van praktijkgericht onderzoek**	27
	Jan Vrielink en Cristel Elias	
4.1	Inleiding	28
4.2	**Casus 'Onverwachte deelnemers'**	29
4.2.1	De dilemma's	29
4.2.2	Zorgvuldig en respectvol	30
4.2.3	Verantwoordelijk	31
4.3	**Casus 'Ongemakkelijke informatie'**	31
4.3.1	De dilemma's	32
4.3.2	Betrokken, integer en transparant	32
	Literatuur	34

5	**Analyse- en publicatiefase**	35
	Sil Aarts en Willem Gosens	
5.1	Inleiding	36
5.2	De analysefase: deelnemersaantallen geschikt voor analyses?	36
5.3	De analysefase: datamassage en datamanipulatie	38
5.4	Publicatiefase: 'verkeerde' onderzoeksresultaten	39
5.5	Publicatiefase: terugkoppeling van de resultaten	41
5.6	Publicatiefase: eindverantwoordelijken	42
	Literatuur	43
6	**Ethiek bij toetsen en beoordelen**	45
	Desirée Joosten-ten Brinke	
6.1	Inleiding	46
6.2	De impact van beoordelen op de student	47
6.3	De impact van beoordelen op de opleiding	47
6.4	Kwaliteitscriteria voor toetsing	48
6.5	Dilemma's	49
6.6	Tot slot	52
	Literatuur	53
7	**Ethische antennes**	55
	Peter van Zilfhout en Eveline Wouters	
7.1	Inleiding	56
7.2	Het normatieve perspectief bij praktijkgericht onderzoek	56
7.3	De rol en scholing van de docent	56
7.4	Leerstijlen bij het vormen van 'ethische antennes'	57
7.5	Tips voor lessen	59
7.6	Onderzoeksthema's	60
7.7	De ethische paragraaf	60
	Literatuur	61
8	**Ethiek in onderzoek van de toekomst**	63
	Sil Aarts, Gerard Schouten en Bart Wernaart	
8.1	Inleiding	64
8.2	Dataverzameling van de toekomst: veel, gevarieerd en snel	64
8.3	Dataverzameling van de toekomst: privacy	65
8.4	Dataverzameling in de toekomst; nieuwe vormen van technologie	67
8.5	Internet of things	68
	Literatuur	69
9	**Wet- en regelgeving in (praktijkgericht) onderzoek**	71
	Charlotte Swolfs en Bart Wernaart	
9.1	Inleiding	73
9.2	Privacy	74
9.2.1	Verschillende soorten gegevens	74
9.2.2	Wettelijke regels bij verwerking persoonsgegevens bij onderzoek	76
9.2.3	Nadere regels bij de verwerking van bijzondere persoonsgegevens	77

9.2.4	Rechten van de betrokkene	78
9.2.5	Publicatie en persoonsgegevens	79
9.2.6	Foto- en videomateriaal bij onderzoek	79
9.2.7	Informed consent bij WMO-onderzoek	80
9.3	**Intellectueel eigendom en onderzoek**	80
9.3.1	Intellectueel eigendom	80
9.3.2	Auteursrecht	81
9.3.3	Portretrecht	82
9.3.4	Bronvermelding en plagiaat	83
9.3.5	Persoonlijkheidsrecht en exploitatierechten	83
9.4	**Verzekering voor deelnemers**	84
9.4.1	WMO: verzekering voor proefpersonen	84
9.4.2	Niet-WMO: verzekering voor deelnemers	84
9.4.3	Aansprakelijkheidsverzekering: voor alle type onderzoek	85

Inleiding

Peter van Zilfhout en Eveline Wouters

Samenvatting
Onderzoek in de praktijk en als belangrijk onderdeel van het hoger beroepsonderwijs, brengt speciale situaties met zich mee, die bijzondere ethische vraagstukken oproepen. Sommige zijn gekaderd en bepaald door wetgeving. Maar ook daarbuiten zijn er allerlei situaties, die stemmen tot nadenken, tot ethische reflectie. Ook en juist daarvoor wil dit boek een handreiking zijn. In dit hoofdstuk wordt het waarom en de achtergrond (geschiedenis) van ethiek van praktijkgericht onderzoek uiteengezet. Ook wordt aangegeven wat bedoeld wordt met ethiek van praktijkgericht onderzoek, en hoe het boek gelezen kan worden.

1.1 Waarom ethiek van praktijkgericht onderzoek? – 2

1.2 Geschiedenis van de ethiek van onderzoek – 2

1.3 Wat is ethiek en wat is ethiek van onderzoek? – 4

1.4 Leeswijzer van dit boek – 5

1.5 Tot slot – 6

Literatuur – 7

1.1 Waarom ethiek van praktijkgericht onderzoek?

Onderzoek vindt steeds vaker plaats in de praktijk. Naast het feit dat de resultaten daardoor gemakkelijk in de praktijk toepasbaar zijn, zijn daarvoor nog verschillende andere redenen: enerzijds wordt steeds meer belang gehecht aan het vooraf kunnen uitleggen waarom onderzoek *maatschappelijk belang* heeft en verder rijkt dan de kennis die het onderzoek zelf oplevert. Bijna zonder uitzondering is het kunnen aantonen van maatschappelijke relevantie een voorwaarde voor subsidieverstrekkers om financiële ondersteuning te geven aan onderzoek. Anderzijds is er een sterke toename te zien van onderzoek binnen het *hoger beroepsonderwijs*, als onderdeel van de professionele ontwikkeling van toekomstige beroepsbeoefenaars. Aangezien dit onderzoek zonder uitzondering vooral vragen beantwoordt die in de dagelijkse praktijk zijn ontstaan, vindt ook het onderzoek zelf in die praktijk plaats. Tenslotte zijn er grote *maatschappelijke uitdagingen* die vooral met praktijkgericht onderzoek benaderbaar zijn. Een goed voorbeeld vormen de demografische ontwikkelingen, waarbij de gemiddelde leeftijd steeds hoger wordt, en vooral de consequenties daarvan, zoals het voorkomen van veel chronische gezondheidsproblemen en daarmee toenemende zorgkosten. Dit, en de mogelijkheden die *technische ontwikkelingen* bieden, maken dat er tegelijkertijd meer van de *burger zelf* verwacht wordt. Dat betekent daarom dat de burger (of patiënt, belanghebbende) een belangrijke stem dient te krijgen in het onderzoek: kortom, het onderzoek vindt midden in en met de praktijk en al haar betrokkenen plaats.

Onderzoek in de praktijk brengt daardoor specifieke situaties met zich mee, waarin de onderzoeker, of de begeleider van het onderzoek van studenten, zich geplaatst ziet voor dilemma's. Dilemma's die te maken hebben met de belasting voor deelnemers, het feit dat men werkzaam is in de praktijk waar ook het onderzoek plaatsvindt (dubbele pet), een opdrachtgever door wie bepaalde bevindingen als schadelijk kunnen worden beschouwd, of de beperkte tijd en middelen voor (afstudeer)onderzoek versus de kwaliteit die men wil bereiken. Het is dan ook niet voor niets dat er aan praktijkgericht onderzoek en aan de onderzoekers specifieke eisen worden gesteld.

Zoals beschreven door Andriessen en anderen in de *Gedragscode Praktijkgericht Onderzoek voor het HBO* (2010) zijn de vijf belangrijkste kenmerken van deze onderzoekers dat ze 1) respectvol zijn, 2) het professionele en maatschappelijke belang dienen, 3) zorgvuldig zijn, 4) integer zijn en 5) hun keuzes en gedrag verantwoorden. Door op een dergelijke manier onderzoek in de praktijk te doen, zal het onderzoek zelf in kwaliteit toenemen, maar zoals gezegd brengt dit vraagstukken met zich mee.

In dit boek worden dergelijke vraagstukken beschouwd als ethische dilemma's, die heel praktisch worden uitgewerkt. In dit hoofdstuk zullen we allereerst ingaan op de geschiedenis en wetgeving van ethiek van onderzoek, vervolgens ethiek en ethiek van onderzoek nader definiëren, om te eindigen met een beknopte leeswijzer en een beschrijving van de totstandkoming van dit boek.

1.2 Geschiedenis van de ethiek van onderzoek

Ethiek van onderzoek is opgekomen in de 19^e eeuw, met name naar aanleiding van medisch onderzoek. Men is er lange tijd van uitgegaan dat ethiek van onderzoek vanzelf sprak, en dat onderzoekers altijd volstrekt integer zijn en ernstig nadenken voordat zij hun plannen opstellen en uitvoeren. Een systematische en wettelijke basis van ethiek van onderzoek werd dan ook niet gezocht. Ethiek van onderzoek is veel meer in het middelpunt van de belangstelling

1.2 • Geschiedenis van de ethiek van onderzoek

geraakt naar aanleiding van ernstige en onmenselijke vergrijpen die onder de vlag van 'onderzoek' plaatsvonden in concentratiekampen in de tweede wereldoorlog. Berucht was het onderzoek bij tweelingen door Mengele, die bijvoorbeeld onderzocht of door het inspuiten van kleurstof in de ogen, de kleur van de ogen kon worden veranderd, hetgeen vaak tot blindheid leidde.

Naar aanleiding daarvan heeft ethiek van onderzoek veel aandacht gekregen en is er een gedragscode opgesteld voor onderzoek met mensen. Daarbij was de basis vrijwilligheid van deelname. Deze code is verder ontwikkeld en vormde de verklaring van Helsinki (eerste versie, 1964) opgesteld door de World Medical Association (WMA). Deze verklaring heeft geleid tot wetgeving in diverse landen. In Nederland is dit de Wet Medisch wetenschappelijk Onderzoek met mensen (WMO) geworden, ingesteld in 1998. Vooral onderzoek naar specifieke interventies en geneesmiddelenonderzoek in het bijzonder die worden uitgevoerd binnen Randomised Controlled Trials,[1] heeft daarbij speciale aandacht gekregen. Dit type onderzoek valt bijna zonder uitzondering onder de reikwijdte van de WMO (men spreekt van, 'medisch wetenschappelijk onderzoek' of van 'WMO-plichtigheid') en dient te voldoen aan een aantal specifieke eisen, opgesteld door een landelijke commissie. Deze commissie is de CCMO (Centrale Commissie Mensgebonden Onderzoek). Medisch wetenschappelijk onderzoek is daarbij als volgt gedefinieerd: '*Medisch-wetenschappelijk onderzoek is onderzoek dat als doel heeft het beantwoorden van een vraag op het gebied van ziekte en gezondheid (etiologie, pathogenese, verschijnselen/symptomen, diagnose, preventie, uitkomst of behandeling van ziekte), door het*

---

[1] Een randomised controlled trial (RCT) is een onderzoek waarbij deelnemers willekeurig (gerandomiseerd) aan een groep worden toegewezen die de behandeling krijgt of juist aan de controlegroep (die de behandeling niet krijgt). Deelnemers en onderzoekers weten op voorhand niet wie in welke groep zit. Op deze manier kan op objectieve wijze het effect van een behandeling worden getoetst.

op systematische wijze vergaren en bestuderen van gegevens. Het onderzoek beoogt bij te dragen aan medische kennis die ook geldend is voor populaties buiten de directe onderzoekspopulatie.'[2]

Een ander type onderzoek – het gedragswetenschappelijke onderzoek – valt hier ook onder als het onderzoek in beginsel tot nieuwe inzichten in de medische wetenschap cq de geneeskunst kan leiden.

Zoals gezegd, is de WMO van toepassing als voldaan is aan beide criteria. Indien zo, dan wordt het onderzoek onderworpen aan het WMO-regime en dit houdt een aantal wettelijke verplichtingen in. Een daarvan is dat het onderzoek door een erkende Medisch Ethische Toetsings Commissie (METC) beoordeeld dient te worden. Dit is een vrij formeel traject, waarbij de onderzoeker uiteindelijk een besluit ontvangt over de kwaliteit, relevantie, ethische, juridische en maatschappelijke 'juistheid' van het onderzoeksvoorstel.

Aangezien het gros van het praktijkgericht onderzoek niet voldoet aan de twee criteria, is dit boek niet gericht op het bespreken van WMO-plichtig onderzoek. De bespreking hiervan valt dan ook buiten beschouwing. Meer informatie over het juridisch kader van WMO-plichtig onderzoek is te vinden op de website van de CCMO (zie ook ▶ H. 9).

Bij praktijkgericht onderzoek gaat het dus in principe niet om dit type onderzoek, dat als experiment kan worden beschouwd. Echter ook ander onderzoek roept ethische dilemma's op. Er is dan ook sprake van een groot grijs gebied, waarbij het niet zozeer gaat om al dan niet 'WMO-plichtigheid', maar wel om ook daar de juiste beslissingen te nemen (het goede te doen) binnen de context van onderzoek.

Daarnaast roept onderzoek dat in de praktijk plaatsvindt juist haar eigen specifieke dilemma's op: veelal is men zelf instrument (interviews) of maakt deel uit van de onderzoekssetting (actie onderzoek). Dat betekent dat er speciale aandacht gevraagd wordt van objectiviteit versus bijvoorbeeld collegialiteit, objectiviteit versus betrokkenheid, om er maar een paar te noemen. Tenslotte vindt veel van het onderzoek plaats onder tijdsdruk: subsidieonderzoek en promotieonderzoek, maar ook afstudeeronderzoek, moeten bij voorkeur binnen afzienbare tijd worden afgerond. Dat op zich kan leiden tot vraagstukken en dilemma's.

1.3 Wat is ethiek en wat is ethiek van onderzoek?

Ethiek is een veelomvattend vakgebied, dat met name handelt over waarden. Ethiek is zowel beschrijvend van aard, het beschrijft onze handelingen en ons gedrag, als ook voorschrijvend, in de zin dat het voorstellen doet hoe in bepaalde situaties wel of niet te handelen. Ethiek keurt dus goed en keurt ook af.

Ethiek is een veelomvattend vakgebied waar iedereen wel een keer mee te maken krijgt, wat ook het beroep is dat iemand uitoefent, of überhaupt wat voor een bestaan iemand leidt. Vaak wordt ethiek vereenzelvigd met de studie van 'goed en kwaad'. Ten dele klopt dit ook, want ethici houden zich bezig met wat mensen doen in de samenleving, waarom ze handelen zoals ze handelen, wat ze elkaar aandoen, welke rechtvaardiging zij van hun handelen geven, en waarom mensen gedrag van anderen afkeuren, en op grond waarvan zij dit doen. Mensen stoppen veel tijd en energie in het met elkaar zoeken naar goede redenen om iets wel of niet te doen, en zij pogen ook hun eigen beweegredenen beter te begrijpen. In de ethiek staat dit zoeken naar goede redenen centraal.

In de ethiek wordt natuurlijk niet alleen gekeken naar wat goed is en wat goed gaat, hoewel dit al wel veel aandacht vraagt. Dit komt omdat vrijwel niets wat wij doen vanzelf gaat of

---

2 Definitie zoals gehanteerd door de Centrale Commissie Mensgebonden Onderzoek (CCMO)

vanzelfsprekend is. Ethiek zoekt niet alleen om het goede te doen en een gemeenschappelijke goedkeuring, bijna even belangrijk is het om spanningen in kaart te brengen, afwijkingen van het goede vast te stellen en in het geval van ernstige overtredingen en van grensoverschrijdingen dit te signaleren, af te keuren of zelfs in het openbaar aan te klagen. De vraag 'wat is goed om te doen?' is daarom even belangrijk als de vraag 'wat is zeker niet goed om te doen?'

Onderzoek doen is ook een vorm van menselijk handelen. Onderzoekers krijgen dus ook te maken met ethiek. Het vakgebied binnen de ethiek dat zich richt op alle vormen van wetenschappelijk, toegepast, en praktijkgericht onderzoek staat bekend als 'research ethics', 'onderzoeksethiek' of ook wel 'ethiek van onderzoek'. Ook 'ethiek van onderzoek' is op zichzelf al een veelomvattend vakgebied, dat zich bezighoudt met waarden. Ethiek van onderzoek is zowel beschrijvend, als voorschrijvend, keurt gedrag af en goed, en is een praktijk van individueel en collectief leren. Dit is met name van belang, want de ethiek is weliswaar enerzijds individueel normatief bepaald (wat vind ik dat kan en niet kan), maar daarbij voor een groot deel afhankelijk van de gemeenschappelijke standaarden van gedrag zoals deze door vakgenoten zijn opgeschreven. Een voorbeeld hiervan is de al genoemde *Gedragscode Praktijkgericht Onderzoek voor het HBO*.

1.4 Leeswijzer van dit boek

Al met al was het voor de schrijvers van dit boek voldoende reden om ethiek van praktijkgericht onderzoek onder de loep te nemen en daarbij specifieke dilemma's te benoemen. De auteurs richten zich daarbij op de begeleiders van praktijkgericht onderzoek: docent-onderzoekers en/ of begeleiders die studenten die relatief nieuw zijn in het onderzoeksveld, stimuleren om antennes te ontwikkelen voor ethische vraagstukken bij het plannen, uitvoeren en afronden van hun onderzoek. Een kenmerk van een dilemma is dat er geen 'goed antwoord' mogelijk is. Dat zal dan ook niet het streven zijn van dit boek. Het gaat om de overwegingen die gebaseerd zijn op normen en waarden die vervolgens leiden tot een antwoord. Wel zullen de thema's worden besproken, waar dilemma's te verwachten zijn. Aan de hand van veel praktijkvoorbeelden zullen ook overwegingen worden gedeeld en tips worden gegeven, die in de dagelijkse onderzoek- en onderwijspraktijk bruikbaar kunnen zijn.

Dit boek is opgebouwd langs de tijdlijn waarin het onderzoek plaatsvindt: allereerst is dat de 'oriëntatiefase' (▶ H. 2). Dit is de fase waarin opdrachtgevers met vragen uit de praktijk worden gezocht voor (afstudeer)onderzoek, subsidieaanvragen worden geschreven samen met een consortium uit de praktijk, of een PhD traject wordt uitgezet. In deze fase ontstaan soms specifieke dilemma's, die ook in deze fase geadresseerd moeten worden. Dilemma's zoals belangenverstrengeling, maar ook de positie van onderzoekers binnen de praktijk, ruimte en tijd voor professionals in de praktijk om deel te kunnen nemen etc.

Als er besloten is tot de start van het onderzoek, volgt de uitwerking van alle details in het projectplan van de onderzoeker of student, de 'ontwerpfase' (▶ H. 3). Ook dit brengt allerlei nieuwe grotere en kleinere vraagstukken met zich mee. Bijvoorbeeld: in hoeverre is het praktijkprobleem een echt probleem, is het al eerder onderzocht in een andere, vergelijkbare situatie? Wat is de belasting voor eventuele deelnemers, waar wringt de praktijk met de validiteit van het onderzoek?

De uitvoering zelf brengt opnieuw een aantal aan ethiek gerelateerde uitdagingen met zich mee. In ▶ H. 4 ('uitvoeringsfase') gaan we daarop in. Wat als toch te weinig mensen meedoen aan het onderzoek en de tijd dringt? Of als men zich niet houdt aan het studieprotocol?

Dan volgt nog de verwerking van de resultaten ('analyse- en publicatiefase', ▶ H. 5). Ook daar zitten ethische aspecten aan, zoals: hoe kunnen de opdrachtgever en deelnemers het best worden geïnformeerd of wat te doen met 'outliers'[3]?

Begeleiders van onderzoek zijn vervolgens vaak gesteld voor de taak om het onderzoek zoals uitgevoerd door en met studenten, te beoordelen (▶ H. 6). Dat is vaak niet eenvoudig: hoe om te gaan met een mager eindresultaat bij een ingewikkeld leerproces en vice versa?

Door alle fases van het onderzoek heen, maar ook daarbuiten, is een belangrijk aspect van de ontwikkeling van onderzoekers dat zij ethische antennes ontwikkelen. Voor begeleiders de vraag: hoe kan dat bereikt worden, wat betekent dat, waar zitten aanknopingspunten? Kort samengevat: alle fases van het onderzoek brengen kleinere of grotere ethische vraagstukken met zich mee, waarvan een onderzoeker ten minste moet weten dat ze er zijn, en waar hij of zij, in overleg met de begeleider van het onderzoek, bij stil staat.

Het ontwikkelen van deze zogenaamde 'ethische antennes' (▶ H. 7), vormt het belangrijkste doel van dit boek. Het belangrijkste doel is niet het oplossen of vinden van richtlijnen voor het oplossen van dilemma's, maar het onderkennen ervan en, *in discussie en onderbouwd*, te komen tot een besluit en praktische aanpak. Dit wordt ook wel beschouwd als de 'deugd' kant van ethiek.

Grote maatschappelijke veranderingen, zoals demografische en technologische ontwikkelingen, brengen specifieke en nieuwe ethische dilemma's naar voren in het kader van onderzoek. Te denken valt aan de toepassing van vrij verkrijgbare data, zoals die van sociale media, maar ook 'big data' in meer algemene zin: wat kunnen en willen we toepassen? Ook aan deze dilemma's van de toekomst (die deels al nu spelen), wordt daarom in een speciaal hoofdstuk (▶ H. 8) aandacht besteed.

Tenslotte wordt ook aan de wet- en regelgeving ruime aandacht besteed, de 'plicht' kant, het juridische kader waarbinnen het onderzoek plaats kan en mag vinden (▶ H. 9).

De hoofdstukken bevatten, weergegeven in 'boxen', voorbeelden uit de praktijk waarin de besproken ethische dilemma's een rol spelen. De meeste hoofdstukken, waar dat van toegevoegde waarde is, worden bovendien afgesloten met een 'normatief kader', een normatieve reflectie op het hoofdstuk.

1.5 Tot slot

Het boek is ontstaan vanuit een behoefte om verantwoord onderzoek te doen, dat bijdraagt aan de praktijk en de ontwikkeling van (jonge) beroepsbeoefenaars. En vanuit de vraag van de onderzoekspraktijk hoe de gevoeligheid van studenten, hun ethische antennes, te prikkelen. Het beoogt geen oplossing voor elk dilemma te bieden, maar hoopt aan te zetten tot gesprek rondom het voorbereiden en uitvoeren van onderzoek. Daarmee is de verwachting dat niet alleen een bijdrage wordt geleverd aan de kwaliteit van het onderzoek zelf, maar uiteindelijk ook en vooral aan de praktijk van alledag.

Bij de ontwikkeling van het boek zijn velen betrokken geweest. In twee werksessies met lectoren, onderzoekers, docent-begeleiders en studenten is gesproken over de belangrijkste ethische dilemma's waar men tegen aanliep in de praktijk, en welke ideeën men had om ethische antennes op een succesvolle manier te ontwikkelen. Dit maakt dat de inhoud van het boek niet alleen op de bijdrage van experts en specialisten is gebaseerd, maar ook en vooral op herkenbare problemen en handreikingen vanuit de praktijk. Daarmee hoopt het daadwerkelijk bij te dragen aan goed, ethisch verantwoord onderzoek in de praktijk.

---

3   In de statistiek wordt met een outlier een waarneming bedoeld die niet bij de overige lijkt te passen.

Literatuur

1. Andriessen, Onstenk, Delnooz, Smeijsters, & Peij, 2010. Gedragscode Praktijkgericht Onderzoek voor het HBO. URL: ► http://ondernemeninwelzijn.com/wp-content/uploads/2013/06/Gedragscode-praktijkgericht-onderzoek-voor-het-hbo-hbo-raad.pdf
2. WMA Declaration of Helsinki – Ethical Principles for Medical Research Involving Human Subjects (oct. 2013)
3. Wet van 26 februari 1998, houdende regelen inzake medisch-wetenschappelijk onderzoek met mensen (Wet medisch-wetenschappelijk onderzoek met mensen)
4. Website CCMO: ► http://www.ccmo.nl/

De oriëntatiefase van praktijkgericht onderzoek

Christi Nierse en Yvonne van Zaalen

Samenvatting

In dit hoofdstuk worden ethische dilemma's beschreven die kunnen spelen in de oriëntatiefase. Ethische dilemma's bespreken met studenten in de oriëntatiefase is van belang voor de waarde van het praktijkgericht onderzoek, het leerproces van de student zelf en de belangen van de (potentiële) deelnemers. Aan het eind van de oriëntatiefase dient duidelijk te zijn of het praktijkprobleem relevant is bevonden en dat de belasting van deelnemers gerechtvaardigd is. Ook is duidelijk dat de antwoorden op de inmiddels geformuleerde onderzoeksvragen niet in een oriënterende literatuurstudie te vinden zijn. Na de oriëntatiefase volgt de ontwerpfase, die in hoofdstuk 3 centraal staat.

2.1 **Inleiding – 10**

2.2 **Oriëntatie op de doelgroep – 10**

2.3 **De wensen van de opdrachtgever – 12**

2.4 **Onderwerp van een onderzoek – 13**

2.5 **Hbo-waardig onderzoek – 14**

2.6 **Belangenverstrengeling – 15**

Literatuur – 15

2.1 Inleiding

De oriëntatiefase beslaat de periode waarin een eerste idee rond een bepaald onderwerp voor het praktijkonderzoek ontstaat. In deze fase worden de eerste stappen gezet om dit tot een onderzoeksprobleem te concretiseren. Ook worden de eerste contacten met andere betrokkenen zoals opdrachtgevers en studenten gelegd, vinden oriënterende gesprekken plaats en wordt gekeken naar de toegevoegde waarde van het project voor de praktijk. Het praktijkprobleem wordt geconcretiseerd, bijvoorbeeld door de bestaande literatuur te raadplegen, om zo te komen tot een relevante onderzoeksvraag of -doel. In dit hoofdstuk worden ethische dilemma's besproken die kenmerkend zijn voor de oriëntatiefase. Deze dilemma's hebben specifiek te maken met een bepaald onderdeel van de oriëntatie, bijvoorbeeld het kiezen van de deelnemersgroep die onderzocht wordt, of de bijzondere relatie tussen de opdrachtgever en de uitvoerder van het onderzoek (vaak een begeleider of student).

2.2 Oriëntatie op de doelgroep

Bij het uitvoeren van praktijkgericht onderzoek is het nadenken over welke doelgroep te includeren een van de belangrijkste onderdelen van de oriëntatiefase. De keuze voor de doelgroep moet zorgvuldig gemaakt worden. Het is van belang om díe doelgroep te kiezen die past bij de gestelde onderzoeksvraag om zo een zo goed mogelijk antwoord te krijgen op de onderzoeksvraag.

> **Box 2.1 Onderzoek doen naar ouderenmishandeling**
>
> Een student heeft stage gelopen in een woonzorgcentrum. Op het terrein staat ook een veertigtal aanleunwoningen. Hierin wonen ouderen die zelfstandig wonen en op aanvraag een beroep kunnen doen op de voorzieningen van het woonzorgcentrum, zoals tijdelijke hulp bij Algemene Dagelijkse Levensverrichtingen (ADL). In de krant las ze over het onderwerp ouderenmishandeling in de ouderenzorg en hoe vaak dit onderwerp eigenlijk onderschat wordt door zowel zorgverleners als naaste familieleden. Ze heeft het tot nu toe binnen de instelling niet waargenomen, maar dit is juist waar in de berichtgeving voor gewaarschuwd wordt. Ouderenmishandeling gebeurt immers achter gesloten deuren en wordt vaak ook niet opgemerkt door zorgverleners of familie. Dit alles overdenkend besluit ze haar praktijkonderzoek te richten op het onderwerp 'ouderenmishandeling'. Voor dit onderzoek zoekt ze contact met de betreffende instelling met de vraag of ze bewoners die te maken hebben gehad met mishandeling over hun ervaringen met dit onderwerp mag interviewen. Ook zou ze graag medewerkers van de instelling over dit onderwerp interviewen. De instelling staat open voor een gesprek met de student.

In bovenstaand voorbeeld zullen aan ouderen vragen gesteld worden over een thema dat gevoelig kan liggen; een gesprek hierover kan dan ook heftige en wellicht onbedoelde reacties opleveren. In de oriëntatiefase is het van belang dat de student bedacht is op dergelijke gevolgen, bijvoorbeeld door vervolggesprekken tussen ouderen en mogelijke hulpverleners te faciliteren.

Dit onderzoek kan niet alleen voor de betreffende ouderen vervelende gevoelens oproepen, maar ook voor de medewerkers. Zoals gezegd is er ook sprake van ouderenmishandeling zonder dat dat heel duidelijk merkbaar is: bijvoorbeeld als een medewerker bij het verlenen

van zorg te hardhandig of te ongeïnteresseerd met de oudere omgaat. Ook kan er sprake zijn van niet-intentionele mishandeling, bijvoorbeeld vanwege overbelasting of onmacht. Zo kan het niet deelnemen in dit onderzoek, terwijl andere medewerkers dat wel doen, het idee opwerpen dat medewerkers die niet willen deelnemen zelf wel eens dader zouden kunnen zijn van mishandeling. Hierdoor is de keuze om mee te willen werken niet meer volledig vrijwillig en komt de zelfbeschikking van deelnemers in gevaar.

Volgens Movisie (landelijk kennisinstituut en adviesbureau voor het sociaal domein) zijn in 2014 2360 meldingen gedaan van ouderenmishandeling in Nederland. Het is denkbaar, dat het aantal ouderen dat mishandeld wordt, aanzienlijk groter is. Toch is het maar de vraag in hoeverre de student toegang zal krijgen tot ouderen die daadwerkelijk zijn mishandeld of bereid zijn om daarover te praten. Het gevaar bij dit onderzoek is dan ook, dat de student onvoldoende valide en betrouwbare gegevens vindt om een gedegen antwoord te krijgen op de onderzoeksvraag.

Om bovenstaande problematiek het hoofd te bieden, zou een alternatief kunnen zijn om niet direct met de doelgroep, maar met een vertegenwoordiging ervan in gesprek te gaan. Dat kan in dit geval een cliëntenraad zijn. Met deze partij kan ingegaan worden op het bespreekbaar maken van het onderwerp. Daarmee garandeert de student enerzijds het maatschappelijk nut van het afstudeeronderzoek en zorgt er anderzijds voor dat de belasting van de betrokkenen binnen aanvaardbare kaders blijft. Bovendien is de student zich meer bewust van de valkuil voor subjectiviteit en de eigen kwetsbaarheid.

2.3 De wensen van de opdrachtgever

Bij de afstemming van het onderzoek met de opdrachtgever is het belangrijk om helder te krijgen wat de eigen ideeën en verwachtingen van de opdrachtgever over het onderzoek zijn.

> **Box 2.2 Betrokkenheid van de opdrachtgever bij onderzoek**
>
> Een organisatie voor hulpverlening aan ouders van kinderen met risico op obesitas in een achterstandswijk wil graag onderzoek uitvoeren naar de ervaringen met een door hen ontwikkelde training. De initiatiefnemer van deze organisatie stelt voor om door middel van interviews bij deelnemende kinderen een indruk van hun ervaringen te verkrijgen. De opdrachtgever stelt voor dat alle deelnemers aan het onderzoek korting krijgen op deelname aan een vervolgtraining. De opdrachtgever is tevens diegene die de training heeft ontwikkeld en ook verzorgt.

In dit dilemma komt naar voren dat de opdrachtgever eigenlijk alleen inzicht wil krijgen in de positieve effecten van zijn training. Als er negatieve ervaringen meegedeeld worden, moet een onderzoeker dit ook kunnen en mogen melden. Het is bij een training juist van belang om (ongewenste) bijeffecten of negatieve ervaringen van de training in kaart te brengen, met als uiteindelijk doel de training aan te passen en te verbeteren. Als de betreffende opdrachtgever dit niet wil, zou dit kunnen betekenen dat het onderzoek niet als zodanig kan worden uitgevoerd.

Het geven van korting op de vervolgtraining kan betekenen dat alleen de mensen die positief zijn over de training deelnemen; zij krijgen immers korting voor een training die ze waarderen. Hierdoor kan de opdrachtgever, bewust of onbewust, mensen uitsluiten waarvan hij denkt dat zij waarschijnlijk niet positief zijn over de training. Echter, de ervaringen en meningen over de training kan alleen onderbouwd worden door een deelnemersgroep die representatief is voor alle potentiële deelnemers aan de training. Een selectie van deelnemers, gebaseerd op enkel positieve ervaringen, is dus ongewenst.

Dit onderzoek wil de ervaringen en meningen van kinderen in kaart brengen. Het interviewen van kinderen is niet zomaar toegestaan. Allereerst moeten beide ouders toestemming geven voor deelname van het jonge kind tot 18 jaar (zie ▶ H. 9). Daarnaast moet worden afgewogen of de ouder aanwezig moet zijn bij het interview. Tevens dienen zowel de informatiebrief als de interviewvragen afgestemd te worden op het taalniveau en leeftijd van de kinderen.

Daarnaast is een dilemma dat de opdrachtgever tevens de ontwikkelaar van de training is én hij de training ook zelf verzorgt. Het is dan ook extra in het belang van deze opdrachtgever om vooral positieve ervaringen te vinden. Bij een positieve ervaring kan de training mogelijk succesvoller op de markt gebracht worden. De trainingen worden niet uitgevoerd door een objectieve trainer, maar door de ontwikkelaar zelf. Het is voorstelbaar, dat de trainer zijn aanpak in bepaalde trainingssituaties zal aanpassen om tot positievere ervaringen van deelnemers te komen. Een objectieve trainer zou eerder genoodzaakt zijn zich te houden aan het oorspronkelijke trainingsplan. Kortom, rolvermenging kan de kwaliteit van een praktijkgericht onderzoek in de weg staan.

2.4 Onderwerp van een onderzoek

Bij de keuze van een onderwerp is het belangrijk dat de student zich eerst op de hoogte stelt van datgene wat er bekend is over het onderwerp. Het onderbouwen van de meerwaarde en relevantie van het onderzoek, op basis van de bestaande (wetenschappelijke) literatuur, is een manier om dat te doen. Hiermee kan ook voorkomen worden dat een onderwerp, waar al uitgebreid onderzoek naar is gedaan, opnieuw op dezelfde manier wordt uitgevoerd. Zo'n onderzoek zou immers geen nieuwe kennis opleveren. Het bevragen van het werkveld kan zeker informatie geven over de praktische relevantie van het onderwerp. Met andere woorden, in hoeverre heeft het werkveld behoefte aan een antwoord op deze vraag? Dit is een van de uitgangspunten van de *Gedragscode Praktijkgericht Onderzoek voor het HBO*.

> **Box 2.3 Affiniteit met het onderwerp**
>
> Een student verpleegkunde wil graag onderzoek doen naar de invloed van chemotherapie of bestraling op de beleving van seks van zowel vrouwen als mannen. Ze wil dit graag weten omdat haar ouders in een scheiding terecht zijn gekomen na de behandeling voor borstkanker van haar moeder. Een belangrijke reden voor de scheiding was een gebrek aan intimiteit na de behandeling van borstkanker. Dat dit de reden zou kunnen zijn, werd haar pas duidelijk tijdens de colleges over oncologie. Ze heeft als student veel geleerd op het gebied van de oncologie, maar wil meer leren over mogelijke bijkomende (en nog niet zo bekende) gevolgen van de behandeling van borstkanker.

In dit dilemma speelt het onderwerp van het onderzoek een grote rol. Met name de intimiteit en het feit dat het voor sommige personen taboe zal zijn om met een ander over seksualiteit te spreken, maken het een beladen onderwerp. Van de potentiële deelnemers zal worden gevraagd een reactie te geven over een intiem onderwerp waarvan onvoldoende duidelijk is onder welke voorwaarden en omstandigheden de persoon zijn of haar ideeën en gevoelens over dit thema vrij kan bespreken.

Begeleiders van onderzoeken en opdrachtgevers moedigen vaak aan dat studenten een onderzoeksonderwerp kiezen waar ze enthousiast over zijn en affiniteit mee hebben. Het kan in het voordeel van de student zijn een onderwerp te kiezen waar de student enthousiast over is. Echter, in voorgaand dilemma, maakt het de betrokken student ook heel kwetsbaar in haar rol als interviewer en het is ook de vraag in hoeverre een student zich dit al realiseert in de oriëntatiefase. Door de persoonlijke betrokkenheid van de student kan de objectiviteit in het onderzoek in het geding komen. Het risico bestaat dat de student sturende vragen stelt of juist vragen die voor haar persoonlijk pijnlijk zijn, vermijdt. De student kan ook geconfronteerd worden met diepgaande ervaringen of ideeën waar ze zelf mee moet leren omgaan. Het is dan ook raadzaam om, als begeleider van dit onderzoek, het gesprek aan te gaan met deze student vóórdat dit onderzoek start.

2.5 Hbo-waardig onderzoek

In de oriëntatiefase spelen er meerdere ethische aspecten een rol die het onderzoek van een student kunnen beïnvloeden. In onderstaand dilemma speelt onder andere de belasting voor de student een belangrijke rol.

> **Box 2.4 Uitdagend onderzoek op hoog niveau**
>
> Een opdrachtgever van de afdeling Radiologie van een regionaal ziekenhuis neemt contact op met een hbo-opleiding. De opdrachtgever wil dat een student van MBRT (Medische Beeldvorming en Radiotherapeutische Technieken) een grote vragenlijst uitzet onder 500 patiënten die bestraling hebben ondergaan in het betreffende ziekenhuis. Om deze gegevens accuraat te verwerken, wil de opdrachtgever graag een gedetailleerde statistische analyse zien. Naar aanleiding van de uitkomsten van de vragenlijst dienen acht focusgroepen onder zorgverleners, patiënten en naasten georganiseerd te worden. De uitkomsten van de focusgroepen moeten vervolgens door de student verwerkt worden in een onderzoeksrapport met een managementsamenvatting. Vanwege de complexiteit van het thema wordt aan de opleiding wel gevraagd om een 'excellente student'.

Er wordt van een student verwacht om twee vormen van onderzoek uit te voeren: kwantitatief, een vragenlijst op te stellen en te analyseren, en kwalitatief, meerdere focusgroepen te leiden en te analyseren. Natuurlijk dient ook verslaglegging plaats te vinden. Het onderwerp is te groot en te complex voor één hbo-afstudeerproject. En daarmee is het onwaarschijnlijk dat de student dit onderzoek binnen de gestelde tijd op een voldoende manier kan afsluiten. Daarnaast wordt er ook nog iets extra's van de student verwacht; de geëiste managementsamenvatting is immers geen studieonderdeel binnen de opleiding van de student. Het lijkt zo te zijn, dat de opdrachtgever zich bewust is van de omvang en complexiteit van het project en daarom ook vraagt om een 'excellente student'.

Elke persoon die betrokken is bij de uitvoering van een onderzoek moet door opleiding, training en ervaring gekwalificeerd zijn om zijn of haar taken uit te voeren. Een student dient dan ook voldoende bekwaam te zijn om het onderwerp waarin hij of zij geïnteresseerd is te onderzoeken. Dit houdt dus ook in dat de student voldoende bekwaam is om de onderzoeksinstrumenten die tijdens het onderzoek worden ingezet, te hanteren en te kunnen interpreteren (zij het onder begeleiding). Een student is weliswaar lerende, maar moet een onderwerp wel aankunnen; het onderzoek moet dus aansluiten bij de fase van het leerproces waarin een student zich bevindt. Dit zou kunnen betekenen dat een ervaren onderzoeker, zoals de begeleider van de student, die waarschijnlijk wel in staat is om de onderzoeksgegevens op een hoger abstractieniveau te interpreteren, een deel van het onderzoek 'overneemt'. Er zou dan kunnen worden gekozen voor een haalbare opdracht richting de student (bijvoorbeeld alleen het vragenlijstonderzoek), een haalbare opdracht richting een andere student (bijvoorbeeld het focusgroepenonderzoek), eventueel aangevuld met een overstijgende opdracht naar de, onafhankelijke, begeleider van het onderzoek (samenvoeging van beide onderzoeken inclusief één aanbeveling).

2.6 Belangenverstrengeling

Bij de keuze van het afstudeeronderwerp is de mate van belangenverstrengeling een belangrijke overweging.

> **Box 2.5 Belangen van verschillende betrokkenen**
>
> Een student werkt in een ziekenhuis. Tijdens het werken ontstaat bij haar de vraag waarom het binnen de afdeling de gewoonte is om twee interventies uit te voeren bij jonge kinderen met chronische verkoudheid. Ze bespreekt dit met haar locatiebegeleider. De locatiebegeleider geeft aan dat dit een standaardprocedure is, maar kan de logica ervan niet verklaren. Ze besluiten samen om het onderzoek voor te dragen aan de Raad van Bestuur. De Raad van Bestuur reageert negatief. Het wordt niet toegestaan om onderzoek te doen omdat dit mogelijk de economische belangen van het ziekenhuis kan schaden.

De beroepspraktijk kan er belang bij hebben om onderzoek dat mogelijk zal leiden tot een beperking van de beroepsuitoefening niet uit te voeren. Als inderdaad blijkt dat de twee interventies geen medische meerwaarde hebben en alleen een economische meerwaarde, is dat voor het ziekenhuis mogelijk ongunstig. Voor de patiënten zou dit echter een gunstige uitkomst zijn.

> **De normatieve ruimte: invloeden ondergaan en invloeden weerstaan**
>
> Wie onderzoek start, wil graag beginnen bij het begin. Een goede oriëntatie is het halve werk ten slotte. Eindelijk zelf even aan het stuur zitten, denkt de onderzoeker. 'Nu heb ik even de tijd om goed na te denken over wat ik ga doen.' Maar terwijl de onderzoeker zich oriënteert op het thema van onderzoek, en op de belangen die in het geding zullen komen, bevindt deze zich al in een normatieve ruimte die het denken en het wikken en wegen mede bepaalt. En zeker is dit het geval bij praktijkgericht onderzoek. Vele betrokken partijen hebben eigen verwachtingen en zullen invloed willen uitoefenen. De beïnvloeding van de onderzoeker door de omgeving is al begonnen...
> Ethici willen in zo'n situatie weten of de onderzoeker over voldoende *autonomie*, *plichtsbesef* en *moed* beschikt. Autonomie wil bij een onderzoeker zeggen, dat deze zich realiseert uiteindelijk zelf verantwoordelijk te zijn voor opzet en resultaat van het onderzoek, en niemand anders. Ook inzicht in de verplichtingen als onderzoeker komen dan aan bod, verplichtingen die anderen opleggen, maar ook verplichtingen die de onderzoeker zichzelf oplegt. Er komt veel op de onderzoeker af, zelfs de vraag of hij of zij de moed zal hebben om in uitzonderlijke situaties de druk en belangen van anderen te weerstaan, en om een waarheidsgetrouw onderzoek af te leveren.

Literatuur

1. Movisie en LPBO (2014) Factsheet ouderenmishandeling in 2014.

De ontwerpfase van praktijkgericht onderzoek

Jeske Nederstigt en Maria Stortelder

Samenvatting

De ontwerpfase is een fase waarin goed nagedacht moet worden over ethische kwesties. Zeker in een onderwijssetting is het van belang dat pragmatische argumenten, zoals tijdsdruk, niet zwaarder gaan wegen dan ethische argumenten. Bij het ontwerpen van de methode is het belangrijk de consequenties van de gebruikte methode en meetinstrumenten in kaart te brengen. Zo dienen onderzoekers de tijd te hebben om onder de juiste condities voldoende data te verzamelen. De onderzoeker moet zich bewust zijn van een eventuele 'dubbele pet' wanneer onderzoek wordt uitgevoerd; zijn onafhankelijk positie dient te allen tijde gewaarborgd te zijn. Aandacht besteden aan genoemde thema's komt een ethisch verantwoorde uitvoering van het onderzoek ten goede.

3.1   Inleiding – 18

3.2   Onderzoeksontwerp in een onderwijssetting – 19

3.3   Werving en selectie van deelnemers – 20

3.4   Informatiebrief en informed consent – 21

3.5   De anonimiteit van deelnemers – 22

3.6   Meetinstrumenten – 23

3.7   Dataverzameling – 24

3.8   Beoogde analyses – 25

       Literatuur – 26

3.1 Inleiding

In de ontwerpfase staat het onderzoeksplan centraal. In deze fase worden keuzes gemaakt met betrekking tot het selecteren en werven van deelnemers, de wijze van dataverzameling, het te gebruiken materiaal (zoals vragenlijsten, interviewschema en meetinstrumenten), en de uit te voeren analyses. Als een onderzoeker een begin maakt met de ontwerpfase, is dat – als het goed is- op zichzelf al een teken dat enkele belangrijke ethische vragen uit de oriëntatiefase zijn beantwoord. Er is immers een keuze gemaakt om empirisch onderzoek te gaan uitvoeren. Dat betekent dat het onderliggende praktijkprobleem dusdanig relevant bevonden is voor de (beroeps)praktijk dat empirisch onderzoek –en dus belasting van deelnemers- gerechtvaardigd is, maar ook dat de antwoorden op de inmiddels geformuleerde onderzoeksvragen niet al in bestaande literatuur te vinden zijn. Alleen dan wegen de resultaten van empirisch onderzoek op tegen de belasting van de deelnemers aan het onderzoek. In dit hoofdstuk worden ethische dilemma's besproken die kenmerkend zijn voor de ontwerpfase. Sommige van die dilemma's hebben specifiek te maken met een bepaald onderdeel van het ontwerp, maar ook meer algemene dilemma's die te maken hebben met de onderwijssetting komen aan bod.

3.2 Onderzoeksontwerp in een onderwijssetting

Is de keuze voor empirisch onderzoek eenmaal gemaakt, dan dienen zich nieuwe ethische dilemma's aan. Bij vrijwel alle keuzes die gemaakt moeten worden in deze fase krijgt de onderzoeker te maken met de afweging tussen 'wat praktisch haalbaar' is en wat 'methodologisch en ethisch ideaal' is. Zeker in een onderwijssetting gelden vaak praktische restricties in de vorm van deadlines, te toetsen doelstellingen en de omvang van eindproducten. Overigens kan opgemerkt worden dat 'methodologisch verantwoord onderzoek' een voorwaarde, maar geen garantie is voor 'ethisch verantwoord onderzoek'. Als de opzet methodologisch niet deugt kunnen er per definitie geen betrouwbare conclusies getrokken worden en is de belasting van deelnemers dus op voorhand niet te rechtvaardigen. Andersom kan een methodologisch verantwoorde opzet wel op ethische bezwaren stuiten. Te denken valt aan een geneesmiddelenonderzoek waarbij de behandelgroep wel de nieuwe medicatie ontvangt, maar de controlegroep (d.w.z. de wachtlijstgroep) van behandeling verstoken blijft en, dientengevolge, mogelijk nadelen hiervan ondervindt.

> **Box 3.1 Tijdsdruk**
>
> Een vierdejaars student gaat zijn afstudeeronderzoek met als onderwerp 'faalangst' uitvoeren bij een middelbare school. Hij heeft hiervoor 20 weken de tijd. In overleg met de begeleider vanuit de opleiding heeft de student een onderzoeksopzet gemaakt die voorziet in een vragenlijstonderzoek onder 50 leerlingen van een middelbare school. De begeleidende docent ziet veel haken en ogen aan het ontwerp: het aantal vragenlijsten waarin is voorzien is te laag, de wijze van dataverzameling is niet zorgvuldig gepland (de onderzoekende student wil tijdens de pauze vragenlijsten gaan uitdelen op het schoolplein en de scholieren vragen deze ter plekke in te vullen), en de vragenlijst staat vol met suggestieve vragen. De begeleider keurt het onderzoeksontwerp dan ook af. Enerzijds wil hij graag dat de student op eigen kracht een verbeterde versie maakt; daar leert hij immers het meest van. Anderzijds wil de begeleider voorkomen dat de student straks – mede door tijdsdruk – alsnog met een matig ontwerp aan de slag gaat. Vanuit die overweging is hij geneigd om bij wijze van feedback zelf heel concrete verbetervoorstellen te formuleren voor de student.

Het primaire doel van een onderwijsorganisatie is dat studenten iets leren. Dat geldt dan ook voor onderzoek, dat in het verlengde van het onderwijs wordt uitgevoerd. Het doel van onderzoek in het hbo is het ontwikkelen van onderzoekend vermogen. Dat impliceert dat studenten hun onderzoeksvaardigheid ontwikkelen en daarbij fouten mogen maken. Sterker nog: het leereffect van fouten is hoog (Godin, 2007). In 'gewoon' onderwijs is er over het algemeen ruimte om studenten te laten leren van hun fouten: ze krijgen feedback op gemaakte fouten, en ook met een beperkt aantal fouten kan een student nog een voldoende halen. Maar als het gaat om 'leren onderzoeken' ligt het anders. De vraag is in hoeverre je deelnemers aan onderzoek mag 'lastig vallen' met onderzoek waarvan het ontwerp maar een 'zesje' verdient en daardoor mogelijk een beperkte maatschappelijke impact heeft. Door tijdsdruk is er vaak beperkt gelegenheid om de student zelf het ontwerp (meermaals) te laten verbeteren en de verleiding kan ontstaan om als begeleider de informatie 'voor te kauwen'. Minder leerzaam voor de student, maar wel minder belastend voor de deelnemers.

Belangrijk is dat de begeleidende docent zich bewust is van eventuele ethische consequenties van fouten die de student maakt, maar ook dat hij de opdrachtgever er op wijst dat de onderzoeker een leerproces doormaakt, waardoor soms ingrepen gedaan moeten worden door de begeleider die mogelijk in de perceptie van de opdrachtgever vertragend werken. Door tijdsdruk is er nauwelijks ruimte om onverwachte tegenvallers adequaat aan te pakken; laat staan dat er genoeg tijd is voor dergelijke ethische afwegingen. Het risico bestaat dat pragmatische argumenten zwaarder gaan wegen dan ethische ('Het onderzoek moet 'af', dus het is niet handig als deelnemers halverwege besluiten te stoppen. Ik wijs ze er dus liever niet op dat dat kan.').

3.3 Werving en selectie van deelnemers

De werving en selectie van deelnemers is een onderwerp waar mogelijke bezwaren aan kleven waaraan, vaak ook door praktische overwegingen, nogal eens wordt voorbijgegaan. Bijvoorbeeld doordat niet deelnemen aan onderzoek consequenties kan hebben voor de deelnemers, of hun privacy daardoor in het geding komt.

> **Box 3.2 Betrokkenheid van deelnemers**
>
> Een instelling die hulp biedt aan mensen met een beperking wil een nieuwe werkwijze invoeren met betrekking tot het omgaan met naasten van cliënten. Een ontwikkelgroep, samengesteld uit verschillende professionals werkzaam in de organisatie, is gevraagd de invoering te monitoren. De groep heeft vierdejaars studenten en begeleider gevraagd om onderzoek uit te voeren dat antwoord geeft op de volgende onderzoeksvraag: in hoeverre passen professionals de werkwijze toe en welke ondersteuningsbehoeftes leven er? Studenten gaan gesprekken voeren met professionals uit de regioteams die worden geselecteerd op basis van leeftijd en werkervaring. Deze professionals worden via een intranetsite geïnformeerd over het onderzoek en de te stellen vragen. Tevens schrijven studenten een kennismakingsbrief waarin zij de motivatie voor hun afstudeeronderzoek toelichten. Het verzoek aan de professionals tot deelname aan het onderzoek is afkomstig van hun direct leidinggevende hetgeen vragen oproept rondom 'vrijwillige' deelname. De begeleider van de student krijgt in de oriënterende gesprekken met de opdrachtgever de indruk dat er in de organisatie onrust en onzekerheid heerst door de overgang naar zelfsturende teams, detachering van medewerkers en bezuinigingen. De werkgelegenheid staat op het spel voor een deel van de professionals. Hij vermoedt dat deelnemers zich daardoor mogelijk niet vrij zullen voelen om openlijk hun ervaringen met de nieuwe werkwijze te uiten en zij de gesprekken als een verplichting en belasting kunnen ervaren.

De hiervoor beschreven situatie roept vragen op zoals: hoe ga je om met de selectie van deelnemers aan een onderzoek waar de opdrachtgever maar ook de deelnemende professionals zelf belang bij hebben? Hoe kun je als begeleider bij de opzet van het onderzoek anticiperen op deze situatie? Vanuit de instelling bezien is er een legitieme onderzoeksvraag gesteld, maar deze kan een extra lading krijgen door alle veranderingen in de organisatie. Professionals voelen zich nog onzeker over de nieuwe werkwijze. Daardoor kan het onderzoek een extra belasting voor hen vormen. Zij worden vanuit de organisatie aangewezen om deel te nemen, maar ervaren misschien niet de vrijheid om te weigeren. Potentiële deelnemers zouden zich wellicht vrijer voelen in de gesprekken wanneer de selectie en werving niet via de direct leidinggevende zou verlopen maar via de onderzoeker. Naast anonimiteit bij de verwerking van de gegevens zou ook toegezegd kunnen worden dat niet bekend wordt gemaakt welke professionals hebben deelgenomen aan het onderzoek; daardoor wordt het makkelijker om deelname te weigeren.

Het is raadzaam om al in een vroegtijdig stadium na te denken over hoe en welke instellingen en deelnemers geselecteerd kunnen worden voor het onderzoek. Wie kunnen relevante informatie verschaffen en bruikbare antwoorden geven op de gestelde onderzoeksvragen? Zijn de potentiële deelnemers wel bereid en in staat om medewerking te verlenen? In de praktijk valt dat soms tegen. Zo worden bijvoorbeeld onderwijsinstellingen (zoals basisscholen) overstelpt met verzoeken tot deelname aan praktijkgericht onderzoek en klikken zij daarom het verzoek voor deelname aan het zoveelste onderzoek weg. Scholen en andere organisaties kampen met werkdruk, maar zien ook niet altijd het directe belang van het onderzoek voor zichzelf of de eigen organisatie. Door vooraf informatie te verschaffen aan potentiële deelnemers over het belang van het onderzoek en daaraan een verzoek tot deelname te koppelen, kan de respons verhoogd worden. Bovendien is er dan tijdens het contactmoment ook een extra check mogelijk op de inclusiecriteria voor deelname. Hierdoor wordt mogelijk voorkomen dat mensen onnodig worden lastig gevallen.

> **Box 3.3 Dossieronderzoek**
>
> Een student loopt stage bij een verpleeghuis en wil een onderzoek uitvoeren onder bewoners om hun ervaringen omtrent de gezamenlijke besluitvorming in de zorg in kaart te brengen. De betreffende student heeft toegang tot alle dossiers en kan zo de gegevens van potentiële deelnemers achterhalen. Met behulp van deze gegevens wil zij hen gaan benaderen voor deelname aan het onderzoek.

Studenten voeren op hun werk of stageplek vaak praktijkgericht onderzoek uit ten behoeve van hun studie en hebben uit hoofde van hun functie toegang tot dossiers van patiënten/cliënten waaruit zij deelnemers kunnen selecteren. De vraag is of dat zomaar kan. Wie mag de potentiële onderzoeksgroep benaderen en op welke wijze? Welke regels zijn hier van toepassing? Vanuit juridisch oogpunt is het niet toegestaan om willekeurige dossiers te screenen op deelname aan onderzoek omdat dit een inbreuk op de privacy is (▶ H. 9). Als er geen sprake is van een behandelrelatie, is de student niet bevoegd inzage in het dossier te hebben. Het medisch beroepsgeheim geldt ook onverkort na overlijden, dat wil zeggen dat er dan geen toegang is tot medische dossiers om contactgegevens van nabestaanden te raadplegen en hen te benaderen voor deelname aan het onderzoek.

De behandelaar die ook onderzoeker is, kan de patiënt niet rechtstreeks benaderen omdat er sprake is van een afhankelijkheidsrelatie. De patiënt zal mogelijk geneigd zijn om in te stemmen omdat hij wellicht denkt dat niet deelnemen (of: ontevredenheid uiten over de besluitvorming) van invloed is op de verdere behandeling. De potentiële deelnemers hebben dan het gevoel niet vrijwillig deel te kunnen nemen. Een mogelijkheid is om de betreffende behandelaar, die niet rechtstreeks is betrokken bij het onderzoek, een potentiële deelnemer te laten attenderen op het onderzoek. Deze behandelaar kan de patiënt informeren over het onderzoek dat uitgevoerd wordt door studenten en een informatiebrief overhandigen. De mogelijke deelnemers kunnen, door het verstrekken van de informatiebrief, dan zelf contact opnemen met de onderzoeker voor meer informatie of hun deelname kenbaar maken.

3.4 Informatiebrief en informed consent

In een *informatiebrief* aan mogelijke deelnemers worden onder meer het doel en het belang van het onderzoek, de onafhankelijkheid van de onderzoeker, de belasting (bijvoorbeeld tijdsduur) bij de deelname, de waarborging van de *anonimiteit* en de bewaartermijn van de data uitgelegd.

Daarin is ook vermeld dat deelname op vrijwillige basis is en dat er de mogelijkheid bestaat om tijdens het onderzoek te besluiten om niet langer te participeren, zonder opgave van reden. Op de website van de CCMO en onderzoeksinstellingen, zijn voorbeelden te vinden van informatiebrieven.

Het is bij veel onderzoek gebruikelijk om vooraf een toestemmingsverklaring, *informed consent*, te laten ondertekenen, waarmee de deelnemer verklaart geïnformeerd te zijn over het onderzoek en zijn deelname bevestigt. Deze verklaring geldt alleen voor het onderzoek dat is beschreven in de informatiebrief. Dit betekent dat verzamelde data niet zomaar gebruikt mogen worden voor ander onderzoek of voor andere – bijvoorbeeld commerciële – doeleinden. Indien de onderzoeker een aanvullende dataverzameling wenselijk acht dan is daar opnieuw een toestemmingsverklaring voor nodig. Daarnaast stelt informed consent extra eisen aan de onderzoeker. Wanneer er sprake is van specifieke onderzoeksgroepen zoals mensen met een licht verstandelijke beperking of met psychische problemen dan is zorgvuldigheid vereist in het hanteren van eenvoudige en begrijpelijke taal over het onderzoek. Het is in die gevallen ook raadzaam om de informatiebrief en de toestemmingsverklaring ter controle van te voren voor te leggen aan mensen uit de doelgroep. Dat levert mogelijk informatie over noodzakelijke aanpassingen en vormt een extra check op begrijpelijk taalgebruik. Soms zijn mensen zelf niet (meer) wilsbekwaam maar kunnen ze nog wel uiting geven aan hoe bijvoorbeeld zij hun leefsituatie of lichamelijke klachten ervaren en aan welke vorm van ondersteuning of behandeling zij behoefte hebben. Hun deelname aan onderzoek en de informatie die zij verstrekken kan hun eigen belang maar ook het belang van anderen dienen. In dat geval kunnen vertegenwoordigers (van mensen die niet meer wilsbekwaam zijn) de afweging maken om hun naaste deel te laten nemen aan onderzoek.

3.5 De anonimiteit van deelnemers

Belangrijke vereiste bij onderzoek is dat de privacy van deelnemers is gewaarborgd. Dat betekent dat de data niet herleidbaar zijn tot de personen die hebben deelgenomen.

> **Box 3.4 Dubbele pet**
>
> Een studente volgt een opleiding sociaal werk en werkt in deeltijd bij een zorginstelling. Haar teamleden ervaren agressie bij cliënten als een groot probleem en er is een hoog ziekteverzuim. Het team heeft deelgenomen aan scholing over omgaan met agressie en er is een protocol ontwikkeld over hoe om te gaan met agressie. Het ziekteverzuim is echter onveranderd hoog. De teamleider wil daarom meer informatie over de beleving van agressie bij de professionals en hun mening over de ondernomen acties inventariseren. De teamleider en student maken plannen voor een kwalitatief onderzoek en bespreken de onderzoeksvragen en de selectie van de respondenten.

In deze casus spelen meerdere kwesties: hoe ga je om met afstand en nabijheid? Hoe kan de onderzoeker die tegelijkertijd collega is, voor een objectieve en neutrale houding zorgen bij het stellen van de vragen? Hoe wordt ervoor gezorgd dat deze collega's zich vrij kunnen uiten? Enerzijds is het van belang dat er een getrouwe weergave van de resultaten wordt gegeven en tegelijkertijd de privacy en de positie van alle betrokkenen gerespecteerd worden. Dat kan door de situatie zodanig te beschrijven dat de kern van bevindingen overeind blijft maar de rollen en situaties niet herkenbaar zijn. Een andere mogelijkheid is om een fictieve casus over een situatie met agressie voor te leggen en dan te vragen naar mogelijke reacties via open of meerkeuze antwoorden.

3.6 Meetinstrumenten

Het kiezen van het juiste (gevalideerde en betrouwbare) meetinstrument is een van de pijlers van verantwoord onderzoek. Een meetinstrument zelf roept echter op ethisch vlak ook weer vragen op.

> **Box 3.5 Gevoelige onderwerpen**
>
> Studenten willen voorlichtingsmateriaal ontwikkelen en voorafgaand daaraan onderzoek doen naar seksualiteit onder jongeren. Zij hebben een enquête opgesteld en zijn voornemens die voor te leggen aan jongeren tussen de 16 jaar en 18 jaar in het voortgezet onderwijs. De vragen zijn deels zeer expliciet geformuleerd en gericht op uiteenlopende vormen van (grensoverschrijdend) seksueel gedrag. Ze raadplegen een recent landelijk onderzoek naar dit thema en de daarin gehanteerde vragenlijst.

Gevoelige punten bij dit onderzoek zijn de formulering en de aard van de vragen, de sociale wenselijkheid bij de beantwoording en de anonimiteit en privacy van de respondenten. Het is de vraag hoe expliciet vragen gesteld kunnen worden over seksueel gedrag.

Met enige regelmaat voeren studenten onderzoek uit naar seksualiteit in bijvoorbeeld hulpverleningssituaties. Aanleiding is dan het ontbreken in de zorg van duidelijke regels of richtlijnen voor zowel jongeren als professionals over hoe om te gaan met seksualiteit. Onderzoek kan meer duidelijkheid verschaffen over de aard van richtlijnen. Dit stelt eisen aan de opstelling van de begeleider van dit onderzoek. Het meetinstrument zal aan bepaalde eisen moeten voldoen als het een gevoelig onderwerp betreft in relatie tot het onderzoeksdoel. Dit kan bijvoorbeeld door in een instructie of toelichting van de enquête of topiclijst het belang van de dataverzameling te benoemen. Verder is van belang te benadrukken dat deelname vrijwillig is en dat er geen goede of foute antwoorden zijn. Een risico kan dan wel zijn dat er sprake is van een selectieve respons. Bij de formulering kan een directe formulering naar seksueel gedrag te confronterend blijken. Een alternatief is om de vraag die gericht is op gedrag voor een bepaalde (leeftijds)groep, indirect te formuleren: *"Het is normaal als je voor je 18^e jaar geslachtsgemeenschap hebt"* (gevolgd door een antwoordmogelijkheid op een 5-punt Likertschaal met lopend van 1. sterk mee oneens tot 5. sterk mee eens).

Aan de kwaliteit van meetinstrument, vragenlijst of interviewschema, stelt een onderzoeker hoge eisen wat betreft betrouwbaarheid en validiteit. Het is belangrijk om een beproefd meetinstrument te hanteren om te voorkomen dat je respondenten lastig valt met een dataverzameling/tijdsinvestering die achteraf niet bruikbaar is. Een goede optie is om als begeleider aan de onderzoekende student de suggestie te geven om de lijst voor te leggen aan een deskundige uit het beroepenveld. Die kan feedback geven over de keuze van de onderwerpen en formuleringen. Ook een proefafname van de vragenlijst om na te gaan of de volgorde van de vragen logisch is en of de gebruikte begrippen duidelijk en eenduidig zijn, kan helpen. Dan kan ook al naar voren komen of vragen mogelijk heftige emoties kunnen uitlokken tijdens de dataverzameling.

3.7 Dataverzameling

Gevoelige onderwerpen vragen om extra zorgvuldigheid en goed overwogen procedures.

> **Box 3.6 Emoties**
>
> Een middelbare school wil, naar aanleiding van het onverwachte overlijden van een docent een half jaar geleden, weten wat de school kan betekenen voor de rouwverwerking bij leerlingen. Een student in de afstudeerfase gaat onderzoek doen door middel van interviews met leerlingen. Ter voorbereiding op de interviews verdiept de student zich in de literatuur over rouwverwerking en stelt aan de hand daarvan een topiclist op. De begeleidende docent realiseert zich dat de gesprekken mogelijk emoties zullen losmaken bij deelnemende leerlingen.

Bij een goede voorbereiding op het uitvoeren van interviews denken we vaak aan het opstellen van goede, op de bestaande literatuur gebaseerde, topiclists en interviewschema's. Daarnaast dienen interviewvaardigheden zoals doorvragen, parafraseren en samenvatten aanwezig te zijn. Maar er is meer. Bij onderzoek naar gevoelige thema's bestaat de mogelijkheid dat bij deelnemers emoties loskomen. In dergelijke situaties is het van belang dat de onderzoeker daarop voorbereid is en weet hoe daar mee om te gaan. Het belang van de deelnemer is op dat moment belangrijker dan het doel van het onderzoek en de onderzoeker moet zich vooraf realiseren dat in sommige gevallen het interview – in het belang van de deelnemer- voortijdig moet worden beëindigd. Ook dient vooraf te worden nagedacht over eventuele nazorg: waar kan de deelnemer terecht als niet tijdens het interview, maar op een later tijdstip emoties loskomen?

> **Box 3.7 Afnamecondities**
>
> In een kwantitatief onderzoek naar pestgedrag op school voor voortgezet onderwijs is minimaal een X aantal vragenlijsten nodig om betrouwbare conclusies te kunnen trekken uit de analyses. Vooraf wordt er een gesprek gevoerd met een docent van de school over het invullen van de vragenlijst en de afspraak is dat de leerlingen tijdens de les in het klaslokaal de vragenlijst invullen. Voor betrouwbare data is het van belang dat leerlingen de vragenlijst serieus invullen. De onderzoekende student is vooraf bezorgd over het verloop van de dataverzameling: wat als de leerlingen niet serieus zijn? En wat als de docent wordt weggeroepen?

Hoe voorkomt de onderzoeker dat haperende afnamecondities leiden tot inferieure data? Bij twijfel over de betrouwbaarheid en bruikbaarheid van data mogen ze uiteraard niet gebruikt worden; in dat geval hebben de deelnemers dus voor niets deelgenomen aan het onderzoek. Bij de voorbereiding is het dan ook van belang om goed na te denken over de omstandigheden waarin de data worden verzameld. Als het risico bestaat dat deelnemers niet gemotiveerd of niet serieus zijn, moeten situaties worden gecreëerd waarin dit geen rol speelt, of moet zelfs besloten worden dat het onderzoek, in deze context, weinig zin heeft. Ook moet er voldoende tijd zijn ingeruimd voor het invullen van vragenlijsten en de mogelijkheid om uitleg te geven als er onduidelijkheden zijn.

Bij de dataverzameling kunnen niet alleen ethische vragen ontstaan naar aanleiding van de aard en inhoud van het onderwerp, maar ook naar aanleiding van de toegepaste methode. Randomisatie van deelname is daar een goed voorbeeld van.

> **Box 3.8 Randomisatie**
>
> Een student wil de effecten van mindfulness op het ervaren van stress bij anorexiapatiënten onderzoeken. De deelnemers worden in twee groepen verdeeld; de ene groep krijgt de reguliere behandeling (therapie) en de andere groep krijgt reguliere therapie en de cursus mindfulness als interventie. Er wordt een vragenlijst vooraf, tijdens en na afronding van de 10-weekse cursus gedaan om te kijken of de deelnemers in de interventiegroep minder stress ervaren dan de deelnemers in de controlegroep.

In deze casus is sprake van gerandomiseerd onderzoek. Dit betekent dat deelnemers op basis van toeval (at random) worden toegewezen aan een behandel- of een controlegroep. Daardoor krijgt een deel van de deelnemers gedragsregels opgelegd, of worden ze blootgesteld aan interventies die mogelijk afwijken van de 'care as usual' (de gebruikelijke behandelmethode). De andere groep wordt deze interventies (of behandeling) juist onthouden. Het hangt van de aard van de gedragsregels of de interventies af of het onderzoek hiermee WMO-plichtig wordt. In bovenstaand voorbeeld zou je kunnen zeggen dat het 'verplichten' van een 10-weekse cursus mindfulness voor kwetsbare deelnemers (patiënten die anorexia hebben) een inbreuk is op de lichamelijke en/of psychische integriteit van de deelnemers. In die zin is het onderzoek WMO-plichtig. (Meer over de WMO is te vinden in ▶ H. 9). Tegelijkertijd speelt een ethisch dilemma: men kan stellen dat de deelnemers in de controlegroep, ervan uitgaande dat de training effectief is, een behandeling waar zij baat bij zouden kunnen hebben, door deze onderzoeksopzet wordt onthouden. Een oplossing in dit design zou dan kunnen zijn dat de controlegroep alsnog deze 10-weekse training wordt aangeboden zodat deze deelnemers geen behandeling wordt onthouden.

Bepalend voor de vraag of onderzoek met randomisatie onder de WMO valt is de mate waarin de opgelegde of onthouden (be)handelingen, ingrepen of procedures inbreuk maken op de lichamelijke en/of psychische integriteit van de deelnemer. Ook onderzoek waarbij, door middel van randomisatie, twee standaardbehandelingen met elkaar worden vergeleken, kan dus WMO-plichtig zijn. Een voorbeeld van een onderzoek waarin dat niet het geval is betreft een onderzoeksopzet in een verpleegtehuis waarbij de effectiviteit van een bepaald soort vaseline op het behandelen van huidplekjes wordt onderzocht. Elke deelnemer krijgt op één arm wel vaseline, en op de andere geen. Je zou kunnen zeggen dat het een onethische opzet is, aangezien één arm een behandeling wordt onthouden. Maar omdat beide behandelarmen bij één persoon horen, wordt geen enkele deelnemer iets onthouden. Daarmee is deze vorm van randomisatie acceptabel en zal dit veelal niet onder de WMO vallen. Wel ligt het voor de hand om na het onderzoek, als de vaseline werkt, alle deelnemers op beide armen met vaseline te behandelen.

3.8 Beoogde analyses

Een veelvoorkomend dilemma bij (praktijkgericht) onderzoek is het al dan niet behalen van het aantal beoogde deelnemers, om tot een betrouwbaar resultaat te komen waaruit conclusies getrokken kunnen worden.

> **Box 3.9 Steekproefomvang**
>
> Een student wil voor zijn afstudeerproject onderzoeken of er een verband is tussen de ervaren belasting van mantelzorgers en de mate waarin mantelzorgers een beroep doen op hulp van derden. In zijn onderzoeksontwerp berekent de student precies hoeveel ingevulde vragenlijsten nodig zijn om de beoogde kwantitatieve analyses betrouwbaar uit te kunnen voeren. De student is zich ervan bewust dat hij de, vaak toch al overbelaste, mantelzorgers niet onder druk mag zetten om deel te nemen aan zijn onderzoek. Om niet méér mantelzorgers te belasten neemt hij zich voor precies het minimaal noodzakelijk aantal enquêtes af te nemen.

Bij ieder onderzoek is het van belang om al in de ontwerpfase goed na te denken over het aantal deelnemers dat nodig is om de beoogde analyses op een betrouwbare manier uit te kunnen voeren. Om rekening te houden met onbruikbare data, bijvoorbeeld doordat deelnemers de vragenlijsten niet volledig hebben ingevuld, wordt vaak op voorhand al een aantal extra deelnemers geworven. Bij onderzoek onder kwetsbare groepen ligt dat anders; de student in bovenstaand voorbeeld is zich ervan bewust dat hij niet méér mantelzorgers moet belasten met een vragenlijst dan strikt noodzakelijk. Maar wat als bij de verwerking van de data blijkt dat er onbruikbare vragenlijsten tussen zitten en het totaal aantal vragenlijsten te laag is om de analyses betrouwbaar uit te voeren? Als de analyses toch uitgevoerd worden zijn de resultaten mogelijk niet betrouwbaar (of te generaliseren) en zou je kunnen zeggen dat álle deelnemers voor niks zijn belast. Het is dus duidelijk dat aanvullende data verzameld moeten worden. En dat brengt ons weer naar de beginparagraaf van dit hoofdstuk: in de strakke planning van onderzoek in een onderwijssetting is daar vaak geen tijd voor. Pragmatische argumenten als tijdsdruk maken het lastig stil te staan bij ethische argumenten, zoals het niet onnodig belasten van deelnemers, en ernaar te handelen.

> **Waardevrij of waardegebonden?**
> Ethiek van onderzoek gaat er weliswaar vanuit dat er ethische dilemma's zullen spelen bij onderzoek, maar dan zal de onderzoeker moeten accepteren dat er bij het onderzoek zoiets als een 'normatieve ruimte' bestaat, die de onderzoeker betreedt zodra het onderzoek van start gaat. Die normatieve ruimte bestaat uit *waarden*. Waarden zijn ideeën over wat juist handelen is, zonder dat ze exact kunnen voorschrijven wat we moeten doen. Waarden geven een richting aan, en geven ons – vaak – een gevoel van zekerheid, omdat ze onze oriëntatie als onderzoeker vergemakkelijken, vooral ook omdat ze niet afhankelijk zijn van individuen, maar in de loop van de tijd door de 'gemeenschap van onderzoekers' zijn ontwikkeld.
> Toch is het al lang een strijdpunt of onderzoek waardevrij is of waardegebonden. Ethici en ook veel onderzoekers gaan ervan uit dat *elk* onderzoek *altijd* waardegebonden is, maar harde bewijzen ontbreken.

Literatuur

1. Godin, Seth (2007) The Dip, Little Brown UK ▶ http://www.ccmo.nl/nl/onderzoek-bij-minderjarigen, opgevraagd 16 mei 2016.

De uitvoeringsfase van praktijkgericht onderzoek

Jan Vrielink en Cristel Elias

Samenvatting

In de uitvoeringsfase staan het contact onderhouden met respondenten en het daadwerkelijk verzamelen van data centraal. Het doel van dit hoofdstuk is te laten zien dat een onderzoeker in deze fase regelmatig een beroep moet doen op karaktereigenschappen van zichzelf en op onderzoeksdeugden. Integer, betrokken, verantwoordelijk, zorgvuldig en respectvol zijn, kunnen de deugden vormen waarnaartoe de onderzoeker zich kan bewegen. In zijn afwegingen kan hij zich afvragen wat hij belangrijk vindt, hoe hij deze onderzoeksdeugden kan belichamen en in antwoord op die vraag hoe recht te doen aan de betrokkenen bij het onderzoek.

4.1   Inleiding – 28

4.2   Casus 'Onverwachte deelnemers' – 29
4.2.1   De dilemma's – 29
4.2.2   Zorgvuldig en respectvol – 30
4.2.3   Verantwoordelijk – 31

4.3   Casus 'Ongemakkelijke informatie' – 31
4.3.1   De dilemma's – 32
4.3.2   Betrokken, integer en transparant – 32

        Literatuur – 34

4.1 Inleiding

De uitvoeringsfase van het onderzoek is de fase waarin de onderzoeker actief aan de slag gaat in de praktijk om de gegevens te verzamelen, die nodig zijn om de onderzoeksvragen te beantwoorden. In dit hoofdstuk worden ethische dilemma's besproken die kenmerkend zijn voor de uitvoeringsfase. Onderzoekers in het HBO geven aan dat zij in de uitvoeringsfase kwesties tegenkomen die te vangen zijn onder de thema's onverwachte gebeurtenissen, tijdsdruk, afhankelijkheid en anonimiteit.

Deze thema's worden besproken met behulp van twee cases. Na iedere casus volgt een reflectie op de ethische dilemma's die spelen en waar de onderzoeker zich toe moet verhouden om goede beslissingen te kunnen nemen. Er wordt ingegaan op de wijze waarop de onderzoeker zijn keuzes en handelen ethisch kan verantwoorden. Hierbij wordt gebruik gemaakt van de *Gedragscode Praktijkgericht Onderzoek voor het HBO* (Andriessen, Onstenk, Delnooz, Smeijsters & Peij, 2010).

In de gedragscode worden, zoals in de inleiding van dit boek beschreven is, vijf hoofdpunten genoemd die van belang zijn in het ethisch handelen van de onderzoeker. We zetten deze hoofdpunten om naar deugden (goede karaktereigenschappen), die de onderzoeker moet nastreven om recht de doen aan de kwesties die hij tegenkomt. Een 'goede' onderzoeker belichaamt dan de volgende onderzoeksdeugden: hij is respectvol, betrokken (op het maatschappelijk belang), zorgvuldig, integer en verantwoordelijk.

De meerwaarde van de omzetting naar deugden is dat het accent meer komt te liggen op wie de onderzoeker wil zijn en hoe hij recht kan doen aan de betrokkenen van het onderzoek en minder op welke data de onderzoeker wil verzamelen. Daarover is, als het goed is, in de oriëntatie- en ontwerpfase al goed nagedacht. Wanneer de onderzoeker de dingen die hij persoonlijk waardevol vindt in het onderzoek kan belichamen, geeft hem dit steun bij het maken van een goede afweging in de verschillende ethische dilemma's die regelmatig voorkomen bij de uitvoering van praktijkgericht onderzoek. Het doel van dit hoofdstuk is de lezer aan het denken te zetten over ethische kwesties bij de uitvoering van onderzoek en hoe dit vertaald kan worden naar het begeleiden van studenten in praktijkgericht onderzoek.

4.2 Casus 'Onverwachte deelnemers'

Ondanks een gedegen voorbereiding in de oriëntatie- en ontwerpfase, kunnen er altijd onverwachte gebeurtenissen optreden tijdens de uitvoering van een praktijkgericht onderzoek.

> **Box 4.1 Onverwachte deelnemer in de focusgroep**
>
> In het kader van een onderzoek heeft een masterstudent een focusgroep georganiseerd om antwoord te vinden op de onderzoeksvraag 'Welke handelingsverlegenheid ervaren de medewerkers van zorginstelling "Goede Zorg" in het begeleiden van cliënten bij het omgaan met seksualiteit?'
> Aangezien het een gevoelig onderwerp betreft heeft zij zes medewerkers van deze residentiële zorgaanbieder voor jongeren met een licht verstandelijke beperking benaderd om deel te nemen aan het onderzoek. Deze mensen werken al geruime tijd samen. Alle zes de medewerkers hebben aangegeven bereid te zijn om te participeren in de focusgroep met groepssamenstelling. Hiermee is voldaan aan het minimum aantal van zes deelnemers dat wenselijk is voor focusgroepen. Bij aanvang van de focusgroep blijkt dat één van de medewerkers zich die ochtend ziek gemeld heeft en dat de teamleider heeft aangegeven deze medewerker te vervangen. De teamleider geeft aan zin te hebben in de bijeenkomst en denkt een goede bijdrage te kunnen leveren. De masterstudent ziet twee van de medewerkers die deelnemen aan de focusgroep wat ongemakkelijk kijken. Eén van hen maakt er zelfs een grapje over met de strekking toch op een andere groep gerekend te hebben. De student weet dat het moeilijk gaat worden om de focusgroep te verzetten in de tijd die ze nog heeft om het onderzoek voor haar master af te ronden.

4.2.1 De dilemma's

Deze casus is een echt dilemma, waarin gekozen moet worden tussen verschillende 'kwaden'. Wanneer de onderzoeker de vervanger accepteert met 'voldoende respondentendata' als onderbouwing, druist dit in tegen de instemming die de andere deelnemers in een eerder stadium hebben gegeven voor de samenstelling van de groep. Ook zijn er signalen dat de andere deelnemers zich minder op hun gemak voelen en minder zullen delen over het onderwerp, wanneer de vervanger aansluit. Dit beïnvloedt de betrouwbaarheid van het onderzoek mogelijk negatief.

Er zijn kortom twee mogelijke invloeden die een negatieve rol op de betrouwbaarheid van de data kunnen spelen. Namelijk die van een te kleine groep, waardoor twijfels kunnen rijzen over representativiteit van de data. Het gevolg hiervan kan zijn dat de uitkomsten van het onderzoek makkelijker terzijde geschoven kunnen worden. De onderzoeker zal dan plannen moeten maken om twijfels over de representativiteit weg te nemen. Deelname van de teamleider is vanuit de representativiteit dus zeker wenselijk.

Aan de andere kant kunnen er twijfels opkomen over de antwoorden van de deelnemers, wanneer deze zich niet op hun gemak voelen bij de vervanger. Ook wanneer de groep op dat moment expliciet toestemming geeft, is de twijfel over de betrouwbaarheid van de antwoorden nog niet weggenomen. De onderzoeker kan er namelijk niet zeker van zijn dat deze instemming geen gevolg is van (groeps)druk of dat er deelnemers zijn die zich overvallen voelen door de situatie. Ook de feiten dat de vervanger een teamleider is en het onderwerp delicaat is, zijn indicaties dat het mogelijk onverstandig is de vervanger deel te laten nemen.

Wanneer de respondenten niet het gevoel hebben dat ze vrijuit kunnen spreken is de kans groot dat er sociaal wenselijke antwoorden worden gegeven. Dergelijke antwoorden betekenen dat het onderzoek minder goed een bijdrage aan de praktijk kan leveren.

Mocht de onderzoeker ervoor kiezen de vervanger niet te accepteren vanwege de onzekerheid van echte instemming, dan ontstaat er een andere lastige situatie die meegewogen moet worden. De kans is immers groot dat de vervanger zich tekort gedaan voelt; hij heeft immers tijd voor dit groepsinterview vrijgemaakt. Ook wordt hem de kans ontnomen een zinvolle bijdrage te leveren.

De *Gedragscode Praktijkgericht Onderzoek voor het HBO* geeft in deze situatie niet direct handvatten om bij dit dilemma de beste keuze te maken. Beide keuzes vertegenwoordigen belangrijke waarden voor de onderzoeker. Door de verschillende kwesties die spelen in deze casus is het niet meteen duidelijk welk belang en welke waarde in deze situatie nu zwaarder weegt. Wanneer de onderzoeker de situatie echter vanuit de eerder genoemde deugden bekijkt en zich afvraagt wat voor een onderzoeker hij wil zijn, kan hij komen tot het formuleren van een handelingsalternatief waar hij echt achter staat.

4.2.2 Zorgvuldig en respectvol

Zorgvuldigheid wordt in onderzoek vaak opgevat als het zo goed mogelijk omgaan met de data en de privacy van de deelnemers aan het onderzoek. Zorgvuldigheid als onderzoeksdeugd is echter omvattender. Een deugd is niet iets dat van een ander moet, maar iets dat je zelf wilt zijn omdat je het als persoon ook belangrijk vindt. Gezien de tijdsdruk rond de planning en gemaakte afspraken, is het verzetten van de focusgroep iets dat niet meteen voor de hand ligt. De pragmatiek dringt zich als het ware op in deze casus. Echter bezien vanuit de waarden die de onderzoeker dierbaar zijn, kan niet zomaar voorbij gegaan worden aan het gegeven dat vanuit respect en zorgvuldigheid de deelnemers denktijd voor de instemming nodig hebben.

De onderzoeker doet er goed aan zich in te leven in de situatie van de respondenten en zich af te vragen wat zij ervan zou vinden als er ineens een vervanger is waar je niet mee hebt ingestemd. Mocht de onderzoeker er voor kiezen de focusgroep door te laten gaan met de vervanger, dan vraagt de zorgvuldigheid van de onderzoeker dat hij de respondenten in een later stadium nog eens benadert over deze situatie. Ook vraagt 'zorgvuldigheid' van de onderzoeker om de deelnemers er in deze situatie op te wijzen dat de deelname vrijwillig is, en dat de respondenten zich door de nieuwe situatie die ontstaan is mogen terugtrekken.

De onderzoeker zou er in deze situatie voor kunnen kiezen om met de vervanger een nieuwe afspraak te plannen voor een interview. Zelfs als dit niet in het plan is opgenomen kan dit wenselijk zijn, om zo recht te kunnen doen aan de betrokkenheid van de vervanger. Bovendien is dan ondervangen dat relevante data verloren gaan.

4.2.3 Verantwoordelijk

Aan de keuze om de focusgroepbijeenkomst te verzetten, kleven risico's. Wanneer de kans groot is dat binnen de planning geen nieuwe datum gevonden gaat worden is het dan verstandig en verantwoordelijk de afspraak te verzetten? Daarbij dient de onderzoeker ook rekening te houden met de mate van belasting van de respondenten. Het feit is dat participatie in het praktijkgericht onderzoek vaak bovenop de taken komt van de professionals en dat moet natuurlijk meegewogen worden in de beslissing om de bijeenkomst al dan niet te verschuiven.

De onderzoeker is, door slechts zes deelnemers uit te nodigen, in een kwetsbare positie gekomen. Deze afhankelijke positie had vermeden kunnen worden door in het ontwerp te gaan voor een grotere groep respondenten. Het communiceren van dit zorgpunt met de opdrachtgever was in deze casus verstandig geweest, om te voorkomen dat de onderzoeker in een ethisch lastig pakket komt te zitten. Achteraf is het echter altijd makkelijk praten en niet alles is te (onder)vangen met een onderzoeksplan. Scherp hebben welke deugden je handelen dienen te sturen is daarom erg belangrijk.

De vragen 'wie wil ik zijn als persoon en onderzoeker?' en 'hoe zou ik willen dat met mij in deze situatie wordt omgegaan?', zijn belangrijke vragen die helpen niet vanzelfsprekend te kiezen voor de pragmatiek. Het is voor begeleiders van aankomend onderzoekers dan ook belangrijk hier naar te vragen bij ethische kwesties rond onderzoek.

Het lijkt in een dergelijke situatie ook de afweging waard om de mogelijke studievertraging in de beslissing te betrekken. Weegt deze niet op tegen een goed onderzoek waarbij recht gedaan wordt aan alle deelnemers? De masterstudent kan beslissen de focusgroep wel te verzetten om zo de deelnemers en zichzelf de tijd te geven zich te oriënteren op de nieuwe situatie. Overleg met de begeleider vanuit de master lijkt op zijn plaats.

4.3 Casus 'Ongemakkelijke informatie'

> **Box 4.2 Pijnlijke informatie van een deelnemer**
>
> Een bachelor stagiaire voert in het verpleeghuis waar zij werkzaam is, praktijkgericht onderzoek uit met als doel bij te dragen aan de deskundigheid van medewerkers in het versterken van de autonomie van de cliënten. Om zicht te krijgen op de ervaren autonomie van de bewoners, worden tien bewoners geïnterviewd. In een informatiebrief en nogmaals bij aanvang van het interview heeft de onderzoeker expliciet benoemd dat de namen van de deelnemers anoniem zullen blijven. Gedurende een emotioneel interview, geeft een bewoner (mevrouw J.) aan dat ze heel veel pijn heeft, maar dat ze daar geen aandacht of zorg voor

> krijgt van haar vaste begeleider. Ze voelt zich daar heel verdrietig over. De onderzoeker zit hier erg mee en stelt voor om hierover in gesprek te gaan met deze begeleider, zodat er een gunstige verandering in de bejegening optreedt. De bewoner weigert dit uit angst om als 'een verklikker' over te komen en daardoor nog slechter behandeld te worden.

4.3.1 De dilemma's

Het eerste dilemma van de onderzoeker kan als volgt geformuleerd worden: wat moet de onderzoeker met wat zij zelf heeft gezien en gehoord? Mevrouw J. wil weliswaar dat er verbetering komt in haar situatie, maar wil niet betrokken worden in deze kwestie, uit angst dat haar situatie verslechtert. Echter zonder de anonimiteit van de respondent te schenden lijkt de onderzoeker maar weinig voor deze mevrouw te kunnen betekenen. Wanneer de onderzoeker echter niets doet aan de situatie is dat mogelijk verwijtbaar gedrag volgens de gedragscode van verzorgenden in een verpleeghuis en wanneer je als onderzoeker wel iets doet kom je mogelijk in conflict met de richtlijnen rond privacy in de beroepscode van praktijkgericht onderzoek.

Het tweede dilemma bestaat uit de vraag wat je met de informatie over je collega moet doen en hoe je als onderzoeker daarmee moet omgaan? Omdat het om een anonieme bron gaat, is het maar de vraag of je die collega hierop kunt aanspreken. Het is namelijk voor deze collega makkelijk te herleiden van wie de informatie (klacht) afkomstig is en dan heb je de anonimiteit onvoldoende beschermd. Ook als het niet te herleiden is, is het ingewikkeld een collega aan te spreken als je niet zelf bij de situatie betrokken was. Als stagiaire is de drempel extra hoog een collega aan te spreken over bejegening. Wat is het advies aan deze student?

Moet de klacht over deze collega neergelegd worden bij de leidinggevende of bij een vertrouwenspersoon zonder de bron ervan prijs te geven? Is dat echter collegiaal? We weten niet of de klacht gegrond is en een met anonieme bron is dit toch moeilijk te achterhalen.

4.3.2 Betrokken, integer en transparant

Het lijkt niet correct, en in tegenspraak met de belofte van anonimiteit, om wat de onderzoeker heeft gehoord van mevrouw J., weliswaar anoniem, in de onderzoeksrapporten te zetten als resultaat van het onderzoek. Nog minder goed zou zijn wanneer deze informatie als zijnde onvoldoende gerelateerd aan de onderzoeksvraag helemaal weggelaten wordt. De uitvoering van het onderzoeksplan is dan mogelijk geslaagd, maar er lijkt meer nodig om de situatie van mevrouw J. te verbeteren. Wat kun je verder doen voor deze mevrouw? Mag je in dit geval de anonimiteit van de respondent doorbreken om haar te helpen?

Het is ook in deze situatie raadzaam in gesprek te gaan over het dilemma zowel met de begeleider vanuit de school, alsook advies te vragen over de situatie aan de leidinggevende zonder de naam van collega en mevrouw J. te noemen. Het moge voor verreweg de meeste lezers duidelijk zijn dat wanneer je als onderzoeker aangeeft de anonimiteit van de respondent te beschermen, je moreel gezien hier alleen van mag afwijken als het leven van iemand daardoor gered kan worden. Pijn, verdriet en ongemak zijn dus onvoldoende om de anonimiteit tegen de wens van mevrouw J. in op te heffen.

Met dit besef zijn we nog niet meteen uit de problemen. Juist het morele appel iets te doen voor mevrouw J. brengt de onderzoeker in de verleiding via onderzoek toch te helpen.

Het zou bijvoorbeeld best kunnen dat er al interviews gepland stonden met professionals. Is het dan geoorloofd het gesprek meer dan voorgenomen te focussen op de bejegening?

Wanneer je als onderzoeker gaat vissen naar informatie die je mogelijk in staat zou stellen iemand te helpen, kom je in een positie die schadelijk kan zijn voor het onderzoek en belangrijker schadelijk kan zijn voor de deelnemers. De onderzoekende houding van de student mag noch door pragmatiek noch door vooringenomenheid ingewisseld worden.

Het zijn weer de onderzoeksdeugden die je scherp houden op wat wel en niet gepast gedrag is. Vanuit betrokkenheid handelen kan natuurlijk niet ten koste gaan van je integriteit en zorgvuldigheid. Wanneer je gaat vissen naar informatie, hoe goed ook de intenties, handel je niet meer integer en zorgvuldig naar de deelnemers. Dit voor ogen houden geeft de onderzoeker wat handvatten bij onverwachte situaties. Bij ethische dilemma's is er vaak niet een juiste oplossing. De gedragscode is dan ook geen handleiding voor correct handelen, maar een check voor een voorgenomen wijze van handelen. Het is daarbij belangrijk voor ogen te houden dat het handelen van de onderzoeker alleen ethisch verantwoord kan worden, wanneer alle relevante deugden mee zijn genomen in het beslissingsproces.

Als begeleider kan door het stellen van vragen, die gericht zijn op de geïnternaliseerde waarden, de student geprikkeld of geholpen worden recht te doen aan de kwestie. De student uit deze casus heeft na overleg met haar begeleider de kwestie, zonder namen te noemen, aangekaart bij haar leidinggevende. Op basis van dat gesprek is door kwaliteitszorg een enquête uitgezet onder alle cliënten over de bejegening.

Het PGO continuüm en de intrinsieke waarde van de respondent

Praktijkgericht onderzoek (PGO) heeft in de regel drie doelen die apart of in combinatie kunnen voorkomen (Carr & Kemmis, 1986):
- De verbetering of innovatie van aspecten van de beroepspraktijk;
- De emancipatie van de beroepsbeoefenaren en de personen die te maken kunnen krijgen met de uitkomsten van het onderzoek, zoals leraren, ouders, leerlingen of cliënten;
- Het gemeenschappelijk zoeken naar betekenisgeving van concepten of praktijken.

Het praktijkgerichte onderzoek in het hbo is erg divers en de invulling van de praktijkgerichtheid verschilt. Het onderzoek in het hbo kan als een continuüm gezien worden. Aan de ene kant is, bijvoorbeeld bij grote kwantitatieve onderzoeken, de onderzoeker vooral gericht op het verzamelen van informatie onder de respondenten en de generaliseerbaarheid van de resultaten. Aan de andere kant van het continuüm is de onderzoeker, bijvoorbeeld bij actieonderzoek, iemand die een verandering in de beroepspraktijk teweeg probeert te brengen. Dit verschil heeft invloed op hoe wordt aangekeken tegen de respondent. De respondent wordt bij gerichtheid op data vooral gezien als een bron van informatie terwijl bij een gerichtheid op verandering de respondent meer gezien wordt als actor voor verandering die op een bepaalde manier door onderzoek ondersteund wordt in dit proces. De respondenten zijn hier meestal mensen met wie je ook samenwerkt. Ook kunnen respondenten bij actieonderzoek medeonderzoeker zijn. Dit is echt anders bij de kwantitatieve benadering waar de respondenten bij voorkeur onbekend zijn bij de onderzoeker. In alle gevallen echter, dient de intrinsieke waarde van de respondent centraal te staan, en leidend te zijn bij dilemma's en beslissingen.

Literatuur

1. Andriessen, Onstenk, Delnooz, Smeijsters, & Peij, 2010. Gedragscode Praktijkgericht Onderzoek voor het HBO. URL: ▶ http://ondernemeninwelzijn.com/wp-content/uploads/2013/06/Gedragscode-praktijkgericht-onderzoek-voor-het-hbo-hbo-raad.pdf

Analyse- en publicatiefase

Sil Aarts en Willem Gosens

Samenvatting

Het nieuws van de afgelopen jaren laat zien dat de huidige (inter)nationale onderzoeksomgeving gekenmerkt wordt door een toename van ongepaste data-manipulatie, -analyses en plagiaat. Het is belangrijk te weten dat bovengenoemde misstappen soms met de beste bedoelingen worden gemaakt. Juist onderzoekers die enorm betrokken zijn bij hun onderzoek en de waarde ervan willen benadrukken, kunnen soms beslissingen nemen die, in ieder geval vanuit ethische oogpunt, niet wenselijk zijn. Belangrijk is dan ook dat de onderzoeker, ook in deze laatste fase van een wetenschappelijk onderzoek, voortdurend de dialoog opzoekt met een begeleider (of met mede-onderzoekers). Alleen als er een constante dialoog plaatsvindt tussen begeleider en onderzoeker, kunnen dergelijke dilemma's het hoofd geboden worden.

5.1 Inleiding – 36

5.2 De analysefase: deelnemersaantallen geschikt voor analyses? – 36

5.3 De analysefase: datamassage en datamanipulatie – 38

5.4 Publicatiefase: 'verkeerde' onderzoeksresultaten – 39

5.5 Publicatiefase: terugkoppeling van de resultaten – 41

5.6 Publicatiefase: eindverantwoordelijken – 42

Literatuur – 43

5.1 Inleiding

De eerste drie fases van onderzoek zijn beschreven in de voorgaande hoofdstukken. Dit hoofdstuk gaat specifiek in op de ethische dilemma's die kunnen ontstaan in de laatste fase van onderzoek; de fase van analyseren en publiceren. In deze fase van het onderzoek zijn onderzoekers bezig met het analyseren van de verkregen data, het interpreteren en vastleggen van deze resultaten, het benoemen van de sterke en zwakke punten van het onderzoek en het benoemen van aanbevelingen voor de praktijk en voor vervolgonderzoek. Ook het, op correcte wijze, gebruiken van referenties (het verwijzen naar bronnen zoals handboeken en wetenschappelijke artikelen) behoort tot deze fase van onderzoek, evenals het publiceren én het opslaan en bewaren van de verkregen onderzoeksresultaten. Ook dit hoofdstuk heeft, net als de voorgaande hoofdstukken, niet de intentie om alle mogelijke dilemma's behorende bij deze fase te benoemen. Wel zullen enkele veel voorkomende vraagstukken besproken worden. We onderscheiden hierin dilemma's die zich kunnen voordoen in de analysefase en de publicatiefase.

5.2 De analysefase: deelnemersaantallen geschikt voor analyses?

Hoeveel deelnemers heeft een studie nodig? Of nog specifieker: hoeveel deelnemers moeten geïncludeerd worden (al beschreven in de ontwerpfase) om een gedegen analyse uit te kunnen voeren van de verkregen data? De inclusie van deelnemers is al gebeurd als deze laatste fase van onderzoek is aangebroken; de data zijn immers al vergaard. Toch behoort dit dilemma ook tot de analysefase. Dat komt omdat een incorrect aantal deelnemers van grote invloed kan zijn op de betrouwbaarheid en daarmee de bruikbaarheid van de resultaten die in de analyse- én de publicatiefase worden verkregen, en daardoor dus ook ethische dilemma's opwerpt in deze laatste fase van onderzoek. Zo kan een tekort aan deelnemers ertoe leiden dat een kwantitatief onderzoek te weinig 'power' heeft; het onderzoek heeft niet genoeg kracht om een bestaand effect te detecteren. Deelnemers kunnen dus aan een onderzoek hebben deelgenomen waaruit geen betrouwbare resultaten voortvloeien.

> **Box 5.1 Onvoldoende deelnemers**
>
> Een student voert een kwalitatief onderzoek uit. In de ontwerpfase heeft de student bedacht dat er 8 tot 12 deelnemers nodig zijn voor dit onderzoek (hij gaat ervan uit dat dit voldoende is om verzadiging te bereiken). Na de start van het onderzoek komt de student er al snel achter dat er slechts 5 deelnemers kunnen worden geïnterviewd. Hij vraagt zich af of het onderzoek nu in de prullenbak moet; hij heeft immers het beoogde aantal deelnemers niet gehaald. Hij vraagt zich af of er écht geen mogelijkheid is om het onderzoek toch af te maken én toch te kunnen afstuderen.

De student in het vorige dilemma stelt zichzelf een aantal legitieme vragen: Moet het onderzoek in de prullenbak? Of kan er toch voor gezorgd worden dat deelnemers niet voor niets hebben deelgenomen aan dit onderzoek?

Onder onderzoekers is er vaak de aanname dat er 'nooit te veel deelnemers' kunnen zijn; hoe meer deelnemers, hoe beter. Echter, waarom zouden onnodig veel mensen aan een onderzoek deelnemen, als een kleiner aantal deelnemers ook voldoende is om een verband of effect aan te tonen? Het includeren van het juiste aantal deelnemers is dus ook een belangrijke kwestie in wetenschappelijk onderzoek. Wat een correct aantal deelnemers is, daarop is geen eenduidig antwoord te geven. Dit aantal verschilt namelijk per type onderzoek. Zo heeft kwantitatief onderzoek veel meer deelnemers nodig dan kwalitatief onderzoek. Bij een kwantitatief onderzoek zou een begeleider dan ook, indien mogelijk, een powerberekening moeten uitvoeren, voordat een student begint aan een (afstudeer)onderzoek. Een powerberekening is een berekening 'voor het benodigd aantal deelnemers om een vooraf gedefinieerd minimaal klinisch relevant verschil met een bepaalde kans (power) waar te nemen'. Er zijn diverse (online) programma's beschikbaar om zo'n berekening uit te voren (dergelijke programma's houden dikwijls rekening met het ontwerp van de studie en het type data; zo hoeven er voor bijvoorbeeld een Randomized Controlled Trial veelal minder deelnemers te worden geïncludeerd dan voor een cohort studie[1]).

Bij kwalitatief onderzoek zijn er doorgaans veel minder deelnemers nodig dan bij een kwantitatieve studie. Bij kwalitatief onderzoek gaat het dan ook om 'verzadiging' (zie beschreven dilemma). Verzadiging, ook wel 'saturatie' genoemd, treedt op wanneer een punt is bereikt waarop geen nieuwe informatie meer kan worden toegevoegd; alle informatie die nodig is om de betreffende onderzoeksvraag te kunnen beantwoorden is aanwezig. Er wordt dus doorgegaan met dataverzameling totdat er zich geen nieuwe inzichten meer voordoen. Als dit punt is bereikt, stopt de dataverzameling. In tegenstelling tot kwantitatief onderzoek, houdt de kwalitatieve methodologie in dat men niet op voorhand kan zeggen hoeveel deelnemers er nodig zijn. Aan de onderzoeker dus de taak om voortdurend de data 'in te gaten te houden' om zodoende te weten wanneer verzadiging is bereikt. Alleen op deze manier kan worden voorkomen dat er onnodig extra deelnemers worden geworven en deelnemen aan het onderzoek.

Om antwoord te geven op de vragen die de student zich stelt: ook als een onderzoek niet voldoet aan al de vooropgestelde criteria, kan een onderzoek nog van waarde zijn. Ten eerste is het simpele gegeven dat het verkrijgen van deelnemers veel moeilijker is dan voorheen gedacht, ook al een resultaat dat het delen waard is. Juist om andere onderzoekers, die vergelijkbaar onderzoek uitvoeren, richting te kunnen geven bij hun data-verzameling. Dit onderzoek kan dan ook als basis dienen om een vervolgonderzoek groter op te zetten (te denken valt aan het uitvoeren van onderzoek niet bij één instelling, maar bij meerdere, vergelijkbare, instellingen), waarbij het beoogde aantal deelnemers wel kan worden bereikt. Daarnaast kan ook een klein, maar goed uitgevoerd onderzoek de praktijk/maatschappij helpen om inzichten te verkrijgen. Terugkoppeling van de resultaten aan de praktijk (bijvoorbeeld de instelling waar een onderzoek is uitgevoerd) door middel van een presentatie of verslag is dan ook altijd aan te raden, ook al is het beoogde aantal deelnemersaantal niet gehaald. Generalisatie van de resultaten (dat wil zeggen, een algemene uitspraak doen op basis van slechts een deel van de populatie) is immers niet altijd van belang bij praktijkgericht onderzoek.

---

1   Een randomised controlled trial (RCT) is een onderzoek waarbij deelnemers willekeurig (gerandomiseerd) aan een groep worden toegewezen die of de behandeling krijgt of juist aan de controlegroep (die de behandeling niet krijgt). Deelnemers en onderzoekers weten op voorhand niet wie in welke groep zit. Op deze manier kan op objectieve wijze het effect van een behandeling worden getoetst. Bij een Cohortstudie wordt een gedefinieerde groep mensen gedurende een bepaalde tijd gevolgd, zonder vooropgezette interventie. Doel is om mogelijke veranderingen/ziekten en onderlinge verschillen te signaleren als gevolg van blootstellingen. In dit geval spreekt men niet van een experiment.

5.3 De analysefase: datamassage en datamanipulatie

In de analysefase van een onderzoek kan het voorkomen dat een student, die bezig is met het analyseren van de data, een aantal extreme waardes (zogenoemde 'uitbijters' of 'outliers': een waarde van de data die relatief ver van de overige data ligt) heeft bij zijn resultaten.

> **Box 5.2 Outliers**
>
> Een student die een kwantitatief onderzoek heeft uitgevoerd is bezig met het analyseren van de data. Hij bekijkt alle verkregen waardes op een vragenlijst die de tevredenheid (over een cursus) op een schaal van 1 (heel ontevreden) tot 10 (heel tevreden) meet. Alle ingevulde waardes bevinden zich tussen de 7 en 10. Echter, twee waardes zijn een 3 en een 4. Hij heeft geen idee hoe met deze 'rare' waardes om te gaan. Hij besluit daarom deze twee waardes uit de analyse te laten. Hij heeft immers toch genoeg deelnemers om de data-analyse uit te voeren.

Dergelijke extreme waardes kunnen een enorme invloed hebben op de (statistische) analyses. Het kan namelijk zo zijn dat één of meerdere extreme waardes een gemiddelde zodanig beïnvloeden dat de vooraf gestelde hypothese moet worden verworpen, terwijl zonder deze waardes die betreffende hypothese misschien wél zou worden aangenomen. Het resultaat wordt er in de ogen van de onderzoeker minder interessant door. Een student zou dan ook kunnen besluiten om deze extreme waardes simpelweg uit de analyse te laten. Bijvoorbeeld omdat de betreffende student niet weet hoe om te gaan met deze uitbijters, of omdat de student denkt te weten waarom deze uitbijters zijn ontstaan. Het weglaten van data, en het niet benoemen hiervan, is niet zomaar toegestaan. In dergelijke gevallen is het aan te raden om de data twee keer te analyseren; een keer zonder de outliers en een keer met alle outliers. De invloed van outliers op de resultaten wordt op deze manier dan ook goed in beeld gebracht en kan, dientengevolge, besproken worden in de discussieparagraaf van een onderzoeksverslag.

Ook het blijven analyseren van de data behoort tot dit dilemma. *'If you torture data enough, they will always confess'* (bedacht door Ronald Coase, een Britse econoom en wetenschapper, die in 1991 de Nobelpijs voor Economie ontving) is dan ook een veelgebruikte uitspraak onder epidemiologen, methodologen en statistici. Deze uitspraak onderstreept dat als een onderzoeker maar lang genoeg zoekt en met de data 'speelt', hij altijd, linksom of rechtsom, zal vinden wat hij zoekt. Zelfs als het er niet is. De vraag is of dit ethisch verantwoord is.

Is er sprake van een kwalitatief onderzoek, dan is het belangrijk om alle zienswijzen en meningen, die de deelnemers aandragen, aan bod te laten komen in de analyse en verslaglegging. Ook als deze meningen slechts door enkele deelnemers worden verkondigd, zijn zij even belangrijk als de meningen en ervaringen van een groter deel van de deelnemers; beiden dienen dan ook te worden geanalyseerd en benoemd te worden in de verslaglegging.

> **Box 5.3 Mooier voordoen**
>
> Een student is bezig met het maken van een grafiek om zijn resultatensectie vorm te geven Zijn onderzoeksvraag luidde: 'Wat is de relatie tussen geslacht en kwaliteit van leven (Quality of Life) bij mensen tussen de 25 en 35 jaar?'. Hij stoeit wat met de grafieken om de data zo goed mogelijk weer te geven. Uiteindelijk heeft hij twee grafieken gemaakt waar hij uit kan kiezen. Terwijl grafiek 1 een groot verschil laat zien tussen mannen en vrouwen, laat grafiek 2 zien dat er een, haast verwaarloosbaar, verschil is. Hij schrikt toch wel van de grafieken die hij heeft gemaakt. Ze bevatten immers precies dezelfde data!

Een gerelateerd dilemma betreft de weergave van de verzamelde data. Het weergeven van de onderzoeksresultaten kan namelijk van grote invloed zijn op hetgeen we interpreteren als lezer. Het venijnige zit hem in de weergaven van de grafiek: de y-as, de verticale as van de grafiek, die de onderzoeker gebruikt heeft voor het maken van grafiek 1 is veel breder (0-100) dan de y-as die hij gebruikt heeft voor grafiek 2 (van 0-20). Een student zou er dus voor kunnen kiezen om de weergaven van grafiek 1 te prefereren boven grafiek 2, juist om zijn onderzoek, en de bijbehorende resultaten, 'kracht bij te zetten'. Op deze manier wordt het échte resultaat, een verwaarloosbaar verschil in kwaliteit van leven tussen mannen en vrouwen, ondermijnd.

Om hiervoor genoemde zaken te kunnen aanpakken, is het belangrijk dat de student de mogelijkheid heeft het gesprek aan te gaan met een onafhankelijke begeleider. Een begeleider die geen belangen heeft bij (de uitkomsten van) het betreffende onderzoek, kan ervoor zorgen dat een zo objectief mogelijke begeleiding gewaarborgd wordt. Vragen die de begeleider kan stellen zijn bijvoorbeeld: 'Komen de uitgevoerde analyses overeen met de originele analyseplannen? Zo nee, waarom niet?' en 'Is het gevonden effect (of de gevonden relatie of samenhang) ook van betekenis voor de maatschappij?' en, 'Kunnen de onderzoeksresultaten worden gegeneraliseerd naar andere populaties?'. Vooral deze laatste twee vragen laat onderzoekers nadenken buiten het kader van 'wel of niet statistisch significant'. Dergelijke vragen kunnen door de begeleider worden gesteld om zo de onderzoeker handvatten te geven om kritisch te reflecteren op het eigen handelen.

5.4 Publicatiefase: 'verkeerde' onderzoeksresultaten

Wat als de uitkomsten van de verkregen data niet helemaal overeenkomen met de verwachtingen van een onderzoeker? Wat als er geen 'statistisch significante' of onverwachte effecten worden gevonden?

> **Box 5.4 Belangenverstrengeling**
>
> Een student voert een onderzoek uit bij een zorginstelling waar hij ook, in deeltijd, werkzaam is. Hij voert een kwalitatief onderzoek uit naar de ervaringen en meningen van zorgprofessionals over werken in een dergelijke instelling. Tijdens het verzamelen van de data valt hem op dat er ook veel negatieve ervaringen geopperd zijn door deelnemers. Hij vindt dit opmerkelijk aangezien hij zelf juist alleen positieve ervaringen heeft. Hij vraagt zich af hoe dit terug te koppelen aan alle betrokkenen, inclusief de managers, van de zorginstelling. Te meer omdat hij volgende week ook zijn beoordelingsgesprek daar heeft.

Vooral in gevallen waar de betreffende student ook werkzaam is in de instelling waar het onderzoek wordt uitgevoerd, kunnen dergelijke dilemma's voorkomen. Juist omdat het kan voorkomen dat de student zelf juist alleen positieve ervaringen heeft, kan een objectieve analyse en interpretatie van de resultaten onder druk komen te staan. In dergelijke situaties spelen vaak niet alleen de belangen van de student een rol, maar ook de belangen van de betreffende instelling. Zo kan een student zich gedwongen zien alleen positieve resultaten te rapporteren, omdat ze mogelijk gevolgen hebben voor het verdere verloop van zijn carrière bij de betreffende instelling. Ook in dergelijke situaties is een onafhankelijke begeleider onmisbaar; alleen met een onafhankelijke, objectieve begeleider kan het gesprek worden aangaan of en zo ja, hoe en in welke mate, belangenverstrengeling het onderzoek en de verslaglegging ervan heeft beïnvloed.

Een gerelateerd dilemma is de zogenoemde *'publication bias'*; de bias[2] die ontstaat als vooral positieve resultaten, in tegenstelling tot negatieve resultaten (anders gezegd resultaten die geen uitsluitsel geven) worden gepubliceerd. Onderzoekers kunnen het idee hebben dat onderzoeken waaruit geen statistisch significante resultaten voortvloeien, van minder waarde zijn dan onderzoeken die wel statistisch significante resultaten vinden. De woorden 'ik vind niets' worden dan ook regelmatig uitgesproken door studenten die geen statistisch significante resultaten vinden; een positief resultaat wordt dan ook vaak als interessanter gezien in vergelijking met een onderzoek dat geen effect, relatie of samenhangt toont. Dit idee kan gevoed zijn door tijdschriften die jarenlang de voorkeur hebben gegeven aan onderzoeken die wél duidelijke effecten lieten zien. Ondanks dat deze bias steeds meer kritiek ontvangt, lijkt het nog steeds dat onderzoekers die veelal positieve resultaten publiceren makkelijker subsidie verkrijgen dan onderzoekers die weinig tot geen positieve resultaten hebben gevonden. Het is dan ook zaak om, als begeleider, het gesprek aan te gaan met de betreffende student over wat wetenschappelijk onderzoek werkelijk inhoudt en om de student ervan te overtuigen om negatieve resultaten op te schrijven en, indien van toepassing, ter publicatie aan te bieden. Er dient dan ook benadrukt te worden dat onderzoek, waarbij (statistisch) significante bevindingen uitblijven, het benoemen en publiceren waard is. Het is dan ook aan te raden om de te gebruiken methodiek en (statistische) analyses, behorende de geformuleerde probleemstelling en onderzoeksvraag, vast te leggen vóór de data worden verzameld en geanalyseerd. Alleen op deze manier kan worden voorkomen dat de data eindeloos worden gemanipuleerd om maar tot een positief resultaat te komen.

Zoals het bestaan van de publication bias laat zien is wetenschappelijk onderzoek zeer concurrerend. Of dit nu fundamenteel onderzoek of praktijkgericht onderzoek betreft: succes bij het verkrijgen van financiering van onderzoek vereist wetenschappelijke publicaties in de nationale, maar vooral ook internationale, literatuur. Onderzoekers moeten publiceren; het liefst veel. Diverse 'wetenschappelijke casussen' in binnen- en buitenland (bijvoorbeeld rondom Diederik Stapel) hebben pijnlijk duidelijk gemaakt wat de gevolgen kunnen zijn van deze zogenoemde *'publish or perish'*-cultuur. Deze term is bedacht om te benadrukken dat het in de wereld van wetenschap zaak is snel en op een frequente basis te publiceren. Het kan zelfs zo zijn dat onderzoekers die zelden publiceren, omdat zij zich bijvoorbeeld meer inzetten op het gebied van onderwijs (bijvoorbeeld op het begeleiden van docent-onderzoeker of studenten), minder kans hebben op promoties of het verkrijgen van subsidie. Ook kan het zijn dat onderzoeken worden 'opgeknipt' zodat er twee in plaats van een publicaties kunnen worden bewerkstelligd. De druk om constant te blijven publiceren is zelfs benoemd als oorzaak van methodologisch slecht onderzoek dat wordt uitgevoerd en voorgelegd aan tijdschriften. Ondanks dat deze cultuur vooral merkbaar is binnen academische instellingen, speelt het in het hoger onderwijs, waarin onderzoek een steeds prominentere plek verwerft, ook een steeds grotere rol. Het is dan ook zaak, om als begeleider, te fungeren als rolmodel; 'goed voorbeeld doet goed volgen'. Het is dan natuurlijk wel zaak om voldoende bewustzijn te hebben van de ethische dilemma's die in deze fase (en de voorgaande fases) een rol kunnen spelen.

---

[2] Bias is de mate waarin een meting, onderzoek, waarneming verstoord wordt door externe factoren

5.5 Publicatiefase: terugkoppeling van de resultaten

> **Box 5.5 De deelnemers worden na afloop vergeten**
>
> Een student ontvangt zijn diploma. Hij heeft de afstudeerfase, waarin hij een praktijkgericht onderzoek heeft uitgevoerd, tot een goed einde gebracht. Tijdens de borrel na de diploma-uitreiking hoort hij van een medestudent dat de deelnemers van diens onderzoek zeer te spreken waren over de 'mini onderzoeksrapportage' die hij speciaal voor de deelnemers had geschreven. De student begint door de woorden van zijn medestudent te twijfelen: had hij niet ook zíjn deelnemers op te hoogte moeten brengen van de resultaten van zijn onderzoek?

Bij medisch-wetenschappelijk onderzoek dat onder het WMO-regime valt, ontvangen deelnemers als het onderzoek eenmaal is afgerond, veelal informatie met betrekking tot de resultaten van het onderzoek; een zogenaamde 'debriefing'. Deelnemers van een dergelijk onderzoek zullen deze samenvatting voor leken ontvangen, ongeacht de uitkomst van het betreffende onderzoek. Het gaat hierbij om informatie over het doel, de opzet en de resultaten van het

onderzoek (inclusief een schriftelijke terugkoppeling). Een dergelijke debriefing bevat ook nogmaals de contactinformatie van de hoofdonderzoeker. Bij onderzoek waarin deelnemers niet (geheel) op de hoogte waren van het werkelijke doel van het onderzoek (dit om de resultaten zo min mogelijk te laten beïnvloeden door de ideeën en verwachtingen van deelnemers), wordt de debriefing gebruikt om de deelnemers alsnog te informeren over het 'werkelijke onderzoek', met andere woorden: dan wordt de informatie gedeeld die bij het vooraf bekend zijn bij de deelnemer een bepaalde bias had kunnen veroorzaken.

Bij een praktijkgericht, vaak niet-WMO-plichtig onderzoek, zijn er geen vaststaande regels om deelnemers achteraf te informeren over het onderzoek waaraan zij deelnamen te verwittigen. Het is denkbaar dat, zoals in bovengenoemd dilemma, een student die net een onderzoek heeft afgerond en haast wilt maken met de bijvoorbeeld een onderzoeksverslag, een dergelijke terugkoppeling vergeet. Een begeleider kan helpen dergelijke situaties te voorkomen door met student vóór de start van het onderzoek te spreken over hoe deelnemers te betrekken bij het onderzoek, in ieder geval op terreinen waar dit mogelijk is. Als het onderzoek ten einde is kunnen de begeleider en de student samen het onderzoeksproces doorlopen, om zo na te gaan of aan alle stappen en afspraken is voldaan. Daarnaast kan worden aanbevolen om deelnemers te vragen wat hun verwachtingen zijn met betrekking tot deelname en terugkoppeling van informatie. Door het betrekken van deelnemers in deze beslissing, kan worden voorkomen dat de terugkoppeling niet is wat deelnemers ervan verwacht hadden. Daarnaast kan de vraag 'Wat zou ikzelf, als ik deelnemer was, verwachten en willen?' een mooi uitgangspunt zijn om dit dilemma het hoofd te bieden.

5.6 Publicatiefase: eindverantwoordelijken

Gerelateerd aan alle eerdergenoemde dilemma's (benoemd in dit hoofdstuk als ook in ▶ H. 2 tot en met 4) rijst dan ook de vraag wie eigenlijk eindverantwoordelijke is voor een uitgevoerd onderzoek.

> **Box 5.6 Eigenaarschap**
>
> Een student voert een onderzoek uit binnen een, door de begeleider opgezette, bestaande onderzoekslijn. De betreffende student is zo enthousiast over het onderzoek en de verkregen resultaten dat hij er graag iets over wil publiceren, ook met de blik op de toekomst waarin hij besluit alsnog een universitaire studie te volgen. De begeleider heeft echter deze data nodig om deze te voegen bij al verkregen data uit eerder, vergelijkbaar onderzoek, juist om er zelf een publicatie van te kunnen maken.

Veel gepubliceerde artikelen benoemen meerdere auteurs; meerdere onderzoekers, veelal met ieder hun eigen expertise, die werken aan één wetenschappelijk onderzoek. De vraag is dan ook of zij, de auteurs, uiteindelijk eindverantwoordelijk zijn voor het uitgevoerde onderzoek. Meestal is een lector of hoogleraar (of een senior-onderzoeker) eindverantwoordelijk voor het onderzoek en kan hierop dan ook worden aangesproken. Echter, vaak ligt de échte eindverantwoordelijkheid ergens anders, namelijk bij de Raad van Bestuur/directie van bijvoorbeeld een ziekenhuis, een instelling of een bedrijf waar het onderzoek heeft plaatsgevonden. Deze eindverantwoordelijkheid komt aan hen toe omdat het onderzoek binnen de muren van hun instelling betreft en waarbij het gaat om hun cliënten/patiënten of data daarvan waar onderzoek mee geschiedt. Bij het optreden van een incident – bijvoorbeeld het lekken van data – zal de instelling in het nieuws komen en hierop worden aangesproken.

Er zijn er dikwijls meerdere mensen betrokken bij één onderzoek. Te denken valt natuurlijk aan de onderzoeker zelf en de begeleider, maar ook aan mensen die bijvoorbeeld helpen bij de data-verzameling, de data-analyse of opdrachtgevers. Daar er veelal meerdere mensen betrokken zijn bij een onderzoek, rijst tevens de vraag wie uiteindelijk zeggenschap heeft over deze data. Met andere woorden: wie beslist uiteindelijk wat er met de data gedaan wordt (bijvoorbeeld een publicatie, een presentatie op een congres etc.)? Is het de begeleider die dit onderzoek heeft bedacht en geformuleerd of is het de student die alle data heeft verzameld en geanalyseerd, of misschien toch de instelling waarin het onderzoek is uitgevoerd? Mogelijk kunnen dergelijke dilemma's voorkomen worden, door vóór de start van een onderzoek duidelijke afspraken te maken over de zeggenschap van het onderzoek, de bijbehorende data en de resultaten. Het op papier zetten van dergelijke afspraken kan dan ook helpen om het onderzoek, dat in deze fase zijn einde nadert, op een prettige manier af te ronden (zie ook: ▶ par. 9.3.2, Wet- en regelgeving, 'auteursrecht') .

> **Over nut en nadeel van ethiek**
> Ethiek is een discipline binnen de wijsbegeerte die het handelen van mensen onderzoekt en beoordeelt. Ethiek wordt vaak vereenzelvigd met het zoeken naar 'goed en kwaad' en regelmatig heeft dit de ethiek in een slecht daglicht gesteld. Ethiek is er in de loop van de tijd van beschuldigd paternalistisch te zijn, traditioneel, hypocriet, vrouwonvriendelijk, blind te zijn voor de echte levens van mensen en voor echte gevoelens.
> Alle beschuldigingen komen samen in een verwijt, namelijk dat ethiek de vrijheid van mensen zou beknotten. Dit verwijt pogen te weerleggen is waarschijnlijk zinloos, want de beeldvorming heeft al plaatsgevonden en het vooroordeel heeft zich al in de gedachtewereld van veel mensen genesteld.
> Wel is het nuttig te onderstrepen dat ethiek (en dit geldt ook voor ethiek van onderzoek) zich op veel meer richt dan alleen 'goed en kwaad'. Vooral het streven naar rechtvaardigheid is het memoreren waard.
> Moderne ethici als John Rawls, Martha Nussbaum en Amartya Sen hebben van rechtvaardigheid hun 'core-business' gemaakt. In hun werk roepen zij onderzoekers op zich bij de keuze van onderzoeksthema's niet louter te laten leiden door persoonlijke interesse, maar ook rekening te houden met het rechtvaardig belang van andere mensen, vooral van mensen die in een kwetsbare situatie verkeren.

Literatuur

1. Dirnagl U, Lauritzen M. Fighting publication bias: introducing the Negative Results section. J Cereb Blood Flow Metab. 2010;30(7):1263-4.
2. Peplow M. Social sciences suffer from severe publication bias: Survey finds that 'null results' rarely see the light of the day. 2014 [Available from: ▶ http://www.nature.com/news/social-sciences-suffer-from-severe-publication-bias-1.15787.

Ethiek bij toetsen en beoordelen

Desirée Joosten-ten Brinke

Samenvatting

Dit hoofdstuk beschrijft overwegingen waar een docent mee te maken heeft in zijn rol als beoordelaar van eindwerkstukken. Vanuit het morele uitgangspunt dat toetsing eerlijk moet zijn voor studenten en opleiding wordt ingegaan op verschillende aspecten van beoordelen. Het meenemen van het proces in de beoordeling, het scheiden van de rollen van begeleider en beoordelaar, het beoordelen van individuen of groepen of het geven van een genadezesje komen hierbij aan bod. De eigen professionaliteit van de beoordelaar, waarbij belangeloosheid en onafhankelijkheid kenmerkend zijn, speelt daarbij een belangrijke rol.

6.1   Inleiding – 46

6.2   De impact van beoordelen op de student – 47

6.3   De impact van beoordelen op de opleiding – 47

6.4   Kwaliteitscriteria voor toetsing – 48

6.5   Dilemma's – 49

6.6   Tot slot – 52

       Literatuur – 53

6.1 Inleiding

Het werk van studenten beoordelen is niet eenvoudig. Dit geldt voor het beoordelen van toetsen met open vragen, maar het wordt nog ingewikkelder bij het beoordelen van werkstukken of scripties. De consequenties van een beoordeling zijn bovendien groot en kunnen allerlei morele dilemma's voor de beoordelaar opleveren; Hoe zorgt de beoordelaar ervoor dat de beoordeling rechtvaardig is voor zowel student als voor de opleiding? Dit hoofdstuk beschrijft morele overwegingen waar een docent mee te maken heeft in zijn rol als beoordelaar van eindwerkstukken. Een scriptie is veelal het sluitstuk van de opleiding en een voldoende betekent daardoor in de praktijk vaak dat de student geslaagd is voor de opleiding. Als beoordelaar is het daarom van belang om stil te staan bij de mogelijke positieve en negatieve consequenties van de beoordeling, zonder daarmee de beoordeling te beïnvloeden. In dit hoofdstuk wordt gestart met het aangeven van de impact van kwaliteit van toetsing op zowel de student als op de opleiding. Daarna worden de belangrijkste kwaliteitscriteria voor toetsing gepresenteerd. Aan de hand van voorbeelden wordt tot slot een aantal dilemma's behandeld.

6.2 De impact van beoordelen op de student

> **Box 6.1 Impact op de student**
>
> Aniek is voortvarend door haar studie gegaan. Alle tentamens zijn binnen de nominale studieduur behaald en alleen het scriptietraject in het laatste semester ligt nog voor haar. Het bedrijf waar ze tijdens het eerste semester stage heeft gelopen is zeer enthousiast over Aniek en heeft per 1 augustus een werkplek voor haar in verband met zwangerschapsvervanging. Het scriptietraject op de hogeschool van Aniek is gepland in het laatste semester van de opleiding en bestaat uit twee fasen: een fase voor het onderzoeksvoorstel en een fase voor de uitwerking van het onderzoek. Aniek levert haar onderzoeksvoorstel precies op de deadline in. Tijdens de beoordeling blijkt echter dat het voorstel niet aan de criteria voldoet. Aniek moet haar onderzoeksvoorstel bijstellen en mag niet starten aan de tweede fase. De onvoldoende beoordeling betekent voor Aniek dat ze zich opnieuw moet inschrijven voor de opleiding, maar tevens wordt ze niet aangenomen bij het bedrijf dat haar een baan had toegezegd indien ze op 1 augustus haar diploma zou hebben behaald.

In dit voorbeeld wordt duidelijk dat de beoordeling grote impact heeft op de student. Ten eerste heeft het financiële consequenties. De student moet zich opnieuw inschrijven voor het volgende studiejaar en voor het hele jaar collegegeld betalen ook wanneer de scriptievoorbereiding alleen in het tweede semester start. Ten tweede heeft het consequenties voor haar start op de arbeidsmarkt. De mogelijkheid om vanuit de stage in te stromen zal niet opnieuw langskomen. Tot slot krijgt de student met de beoordeling een uitspraak over haar kennis, vaardigheden en competenties. In dit geval specifiek voor het schrijven van een onderzoeksvoorstel. Dit kan bij sommige studenten leiden tot twijfel over de eigen mogelijkheden.

6.3 De impact van beoordelen op de opleiding

> **Box 6.2 Impact op de opleiding**
>
> Het scriptietraject wordt door een groot aantal studenten als lastig ervaren. Zeventig procent van de studenten krijgt een voldoende voor het onderzoeksvoorstel en van die groep haalt slechts vijfenvijftig procent een voldoende bij de eerste beoordeling van de scriptie.

Het optreden van vertraging in de afstudeerfase heeft directe consequenties voor het rendement van een opleiding. Indien er sprake is van outputfinanciering is een laag rendement erg kostbaar. Managers hebben er daarom belang bij dat studenten in de nominale tijd de studie doorlopen. Dit rendementscriterium heeft mogelijk effect op het gedrag van de begeleider en de beoordelaar van een scriptiestudent indien zij (mede) verantwoordelijk gesteld worden voor het rendement. Studenten kunnen in het geval van twijfel sneller positief beoordeeld worden om het rendement te verhogen. Een voorbeeld hiervan is een universiteit die haar docenten met een tijdelijke aanstelling per ingeleverde scriptie uitbetaalde.

Aan de andere kant wordt de kwaliteit van de opleiding een keer per zes jaar beoordeeld door de Nederlands Vlaamse Accreditatie Organisatie (NVAO). Bij deze beoordeling moet de opleiding aantonen dat de afgestudeerde studenten de beoogde eindkwalificaties hebben gerealiseerd. Hierbij kijkt men naar de resultaten van tussentijdse en afsluitende toetsen, de eindwerken en de wijze waarop afgestudeerden in de praktijk of in een vervolgopleiding functioneren (NVAO, 2014). De eindwerken worden niet inhoudelijk opnieuw beoordeeld, maar er wordt een beredeneerde inschatting gegeven of de opleiding haar eigen uitgangspunten goed toepast (NVAO, 2015). Als blijkt dat de beoordeling van de eindwerken structureel te hoog is geweest is een onvoldoende beoordeling een desastreuse consequentie voor opleidingen. Zij kunnen daarmee hun accreditatie verliezen.

6.4 Kwaliteitscriteria voor toetsing

Elke student moet op een eerlijke manier zijn kennis, vaardigheden of competenties kunnen demonstreren. Eerlijkheid is van belang in het hele toetsproces, zodat alle studenten op een vergelijkbare manier kunnen tonen wat zij weten en kunnen. Het houdt in dat elke student de mogelijkheid heeft om zich voor te bereiden op een toets en wordt geïnformeerd over de algemene kenmerken en de inhoud van de toets. Om ervoor te zorgen dat toetsing eerlijk is, moet elke toets voldoen aan de kwaliteitscriteria validiteit, transparantie en betrouwbaarheid.

Validiteit betreft de vraag of de toets meet wat het beweert te meten (Ebel, 1983). Dit betreft de inhoud van de toets (inhoudsvaliditeit) of bijvoorbeeld de voorspellende waarde van de score voor de uitvoering van toekomstige taken (predictieve validiteit). Bij het afstudeeronderzoek is het van belang dat de taken die de student uit moet voeren betekenisvol zijn voor de (toekomstige) beroepspraktijk.

Ten tweede moet toetsing transparant zijn. Transparantie geldt voor het hele beoordelingsproces. Het is een essentieel criterium omdat het misverstanden en verkeerde interpretaties voorkomt over wat en hoe wordt beoordeeld (Ploegh, Tillema, & Segers, 2009). Verhogen van de transparantie van toetsing wordt bewerkstelligd door te werken met uitgewerkte voorbeelden en het helder beschrijven van het doel van de toetsing, procedures en criteria.

Ten derde moet de toetsing betrouwbaar zijn. Betrouwbaarheid is een belangrijk kenmerk van een toets omdat het weergeeft hoe nauwkeurig en stabiel de toetsscore is (Downing, 2004). Bij een hoge betrouwbaarheid van de toets zal een uitspraak over een student of hij gezakt of geslaagd is met meer zekerheid gedaan kunnen worden dan wanneer er sprake is van een lage betrouwbaarheid. Voor het realiseren van een hoge betrouwbaarheid spelen objectiviteit en standaardisatie een belangrijk rol (Van der Vleuten & Schuwirth, 2005). Bij objectiviteit gaat het erom dat alle beoordelaars op een zelfde manier met de criteria omgaan en deze op een zelfde manier interpreteren. Dat wil niet zeggen dat alle beoordelaars vanuit hetzelfde perspectief beoordelen. Voor een betrouwbaar oordeel over professioneel handelen is het juist van belang dat studenten in meerdere verschillende contexten vanuit het perspectief van verschillende beoordelaars aantonen competent te kunnen handelen. Bij het beoordelen van scripties wordt het realiseren van een hoge betrouwbaarheid van de uitspraak over de kwaliteit van de scriptie beïnvloed door de taak en door de beoordelaar. Ondanks dat de taak van het schrijven van de scriptie voor elke student hetzelfde is, is de basis voor het schrijven van de scriptie anders. De complexiteit van een onderzoek varieert, de omgeving waar het onderzoek wordt uitgevoerd varieert en de begeleiding op het schrijven van de scriptie varieert. Daarnaast heeft de beoordelaar invloed op de betrouwbaarheid van de uitspraak. Verschillen tussen beoordelaars die hetzelfde werk beoordelen zijn niet wenselijk, maar niet volledig te voorkomen. Indien beoordelaars zich bewust zijn van mogelijke beoordelaarseffecten (zie ◘ tab. 6.1), kunnen wel maatregelen worden genomen om deze effecten te minimaliseren.

Tabel 6.1 Beoordelaarseffecten

Beoordelaarseffecten	Beschrijving
Halo-effect	als beoordelaars hun oordeel positief laten beïnvloeden door eerdere prestaties van de student.
Horn-effect	het omgekeerde van het Halo-effect; als beoordelaars hun oordeel negatief laten beïnvloeden door eerdere prestaties van de student.
Normverschuiving	als beoordelaars zich aanpassen aan de kwaliteit van de scripties.
Sequentie-effect	als beoordelaars de beoordeling laten afhangen van voorafgaande beoordelingen.
Restriction-of-range	als beoordelaars niet de volledige beoordelingsschaal (cijfer 1 – 10 of zeer onvoldoende of excellent) gebruiken.
Signifisch effect	als beoordelaars verschillende aspecten verschillend wegen.
Contaminatie-effect	als beoordelaars het beoordelen gebruiken voor andere doeleinden, bijvoorbeeld om door het geven van lage beoordelingen aan te tonen dat hun vak moeilijk is.

Uit voorgaande blijkt dat een betrouwbare uitspraak over de competentie van een student lastig te realiseren is als er sprake is van slechts één taak en één beoordelaar. Het is daarom aan te raden om zeer belangrijke beslissingen niet te nemen op basis van één meting, maar om een uitspraak te baseren op een set van metingen waarbij de student aantoont in verschillende professionele situaties, beoordeeld door meerdere beoordelaars, te beschikken over de competenties van het vak (Baartman, Prins, Kirschner, & Van der Vleuten, 2007; Knight, 2000; Van der Vleuten & Schuwirth, 2005). Een beslissing wordt dan genomen op basis van een programma van toetsen.

6.5 Dilemma's

De grote consequenties die beoordelen op zowel de student als de opleiding kunnen hebben zorgen ervoor dat beoordelaars veelvuldig voor een dilemma komen te staan. In deze paragraaf komen verschillende dilemma's aan bod: (1) proces- of productbeoordeling, (2) scheiden van rollen, (3) samenwerken en individueel afstuderen en (4) het genadezesje. Na elk dilemma is aangegeven op welke manier een beoordelaar of beoordelingsautoriteit met het dilemma kan omgaan.

Box 6.3 Dilemma 1: Proces- of productbeoordeling

Een van de beschreven competenties van een opleiding is 'adviseren en onderzoeken'. In de afstudeerfase van deze opleiding, die gepland is in het laatste semester van de opleiding moet een adviesrapport en onderzoeksrapport opgeleverd worden. Het beoordelingsformulier onderscheidt de volgende twee criteria: (1) De rapporten bevatten een samenvatting, het theoretisch kader, de probleemanalyse, de hoofd- en deelvragen, de onderzoeksmethode, en een conclusie, discussie en aanbevelingen; en (2) de rapporten voldoen voor schrijfstijl, woordgebruik en bronverwijzingen aan de APA-richtlijnen.

> Een beoordelaar heeft van twee studenten de rapporten doorgenomen. De rapporten van beide studenten zien er goed uit, maar de beoordelaar weet dat de eerste student er in totaal 1,5 jaar over gedaan heeft om de rapporten af te ronden. Hij heeft er dus veel langer aan kunnen werken dan de andere student die het in het geplande laatste semester heeft uitgevoerd. De beoordelaar staat voor een dilemma: laat ik de lengte van het afstuderen meewegen in mijn eindoordeel?

In dit dilemma speelt voorkennis van de beoordelaar een rol. Indien de beoordelaar volledig onafhankelijk was geweest, had hij beide studenten op basis van de producten een gelijk cijfer gegeven. De voorkennis over het proces beïnvloedt de beoordelaar. Aan de ene kant vindt hij het niet eerlijk voor de student die in de nominale studietijd het eindproduct heeft opgeleverd. Als deze student meer tijd genomen had, was het eindresultaat misschien nog wel beter geweest. Aan de andere kant voldoet de vertraagde student aan de criteria voor de eindbeoordeling.

Op basis van de kwaliteitscriteria voor toetsing kan een keuze gemaakt worden. Ten eerste moet de beslissing die op basis van de beoordeling wordt genomen betrouwbaar zijn. In dit geval gaat het daarbij om de vraag of de uitspraak die de beoordelaar doet over de kwaliteit van de eindproducten consistent is over verschillende studenten heen. Dit wordt in deze situatie gerealiseerd door standaardisatie in de procedure waarbij beoordelingscriteria gegeven zijn. Ten tweede moet de beoordeling valide zijn. Toont de student met het schrijven van deze rapporten aan dat hij beschikt over de competenties adviseren en onderzoeken? Het schrijven van de rapporten is daar een onderdeel van. Maar het tijdig aanleveren van een advies zou daar ook onderdeel van kunnen zijn. Het gaat namelijk ook om de predictieve validiteit en in de beroepspraktijk is het niet wenselijk als je drie keer zoveel tijd nodig hebt als je collega's voor het opleveren van een rapport. Ten derde speelt hier de transparantie een rol. De vertraagde student heeft in de beschrijving van de beoordeling geen criterium aangetroffen over de lengte van de afstudeerperiode.

De beoordelaar maakt de keuze om beide studenten gelijk te beoordelen op basis van de objectieve criteria die vooraf voor de studenten beschikbaar waren. Tevens zal hij het criterium van tijdige aanlevering inbrengen in het *scriptiebeoordelingsoverleg* om te bespreken of dit criterium in verband met de validiteit van de beoordeling toegevoegd moet worden.

Box 6.4 Dilemma 2: Scheiden van rollen

De procedure bij een bacheloropleiding is dat de begeleider in de eindfase eerste beoordelaar is en dat de student in overleg met de begeleider een tweede lezer benadert die als tweede beoordelaar van de scriptie zal optreden. De examencommissie is van mening dat de beoordeling in de eindfase van de opleiding objectiever moet en wil toe naar een situatie met twee onafhankelijke beoordelaars. De begeleider kan wel beoordelaar zijn, maar niet bij de studenten die hij ook begeleidt. Het management van de opleiding bespreekt het advies van de examencommissie en staat voor een dilemma: meegaan in het advies met als gevolg hogere exploitatiekosten en misschien een betere beoordeling of het advies afslaan en daarmee de goede relatie met de examencommissie op het spel zetten.

In dit dilemma staat de objectiviteit van de beoordeling centraal. Of beter gezegd de objectiviteit van de beoordelaar. De eerste beoordelaar is de begeleider van de student en de tweede beoordelaar is door de student gekozen. Het management doet er in dit geval goed aan om de

6.5 • Dilemma's

bestaande situatie te analyseren, de mogelijke problemen met de huidige situatie te beschrijven en deze te vergelijken met de motieven van de examencommissie om te adviseren voor twee onafhankelijke beoordelaars. Ook moeten de consequenties van het handhaven van de oude en het instellen van de nieuwe situatie meegenomen worden. De (financiële) haalbaarheid van de oplossing is daarbij een van de criteria. Een oplossing voor dit dilemma zou kunnen liggen in een tussenversie, waarbij een van de beoordelaars onafhankelijk is en de andere beoordelaar de begeleider. Beide beoordelaars dienen wel inhoudelijk deskundig te zijn. Duidelijke beoordelingscriteria dragen verder bij aan een zo objectief mogelijke beoordeling.

Het inzetten van onafhankelijke beoordelaars wordt niet door alle beroepsorganen gewaardeerd. Van Berkel (n.d.) beschrijft een beroepszaak waarin het College voor Beroep het niet terecht vond dat een oordeel van een begeleider door een onafhankelijke derde beoordelaar ter zijde werd geschoven.

> **Box 6.5 Dilemma 3: Samenwerken en individueel afstuderen**
>
> Bij een groot aantal professionele opleidingen is het kunnen samenwerken een belangrijke vaardigheid: "De student is in staat zowel zelfstandig als in teams samen te werken". Studenten mogen daarom hun afstudeerfase samen met een medestudent uitvoeren. De opleiding vindt dat daarmee de authenticiteit van de afstudeerfase groter is, dat de afstudeertaak complexer kan zijn en dat het eindproduct mogelijk meer relevantie heeft voor de beroepspraktijk. Twee studenten voeren samen een onderzoek uit bij een gemeente en schrijven hiervoor een beleidsnota. De beleidsnota wordt beoordeeld door twee beoordelaars. Onafhankelijk van elkaar constateren de beoordelaars dat het product voldoet aan de criteria, maar dat de schrijfstijl nogal varieert. Op basis hiervan komen ze tot de conclusie dat student A alleen de inleiding en de financiële gevolgen van de beschreven oplossing heeft geschreven en dat student B alle andere onderdelen van de beleidsnota heeft geschreven. Daarmee staan ze voor een dilemma: kunnen beide studenten dezelfde beoordeling krijgen voor het eindwerk?

Elke opleiding moet studenten in de gelegenheid stellen om individueel de beoogde eindkwalificaties aan te tonen. Bovenstaand voorbeeld geeft niet aan of de studenten inderdaad individueel beschikken over de beoogde eindkwalificaties in relatie tot het kunnen schrijven van een beleidsnota. Ook wordt niet duidelijk of de studenten daadwerkelijk in staat zijn geweest om in een team samen te werken. Er ligt wel een eindproduct, maar de samenwerking is daar niet uit af te lezen. Voor de beoordelaars zit er in deze fase niets anders op dan de beleidsnota te beoordelen aan de hand van de vooraf opgestelde criteria.

De curriculumcommissie krijgt de opdracht om na te gaan of daadwerkelijk alle beoogde eindkwalificaties voldoende individueel aangetoond kunnen worden. Misschien is er naast het schrijven van de beleidsnota nog een ander beroepsproduct waarbij de student wel individueel de eindkwalificaties aantoont, of kan er besloten worden dat elke student individueel een discussieparagraaf schrijft. Het 'in teams samen kunnen werken' kan bijvoorbeeld ook worden beoordeeld aan de hand van een rollenspel. Het gaat hierbij dus om een gebalanceerd toetsprogramma.

> **Box 6.6 Dilemma 4: Het genadezesje**
>
> 'Hoe is deze student toch zover gekomen?' Deze vraag zal eerder bij begeleiders opkomen dan bij beoordelaars, maar bij elke instelling voor hoger onderwijs komt het voor dat een student in de eindfase niet volledig voldoet aan de gestelde eisen. Voor het begeleiden van studenten in de afstudeerfase is een aantal uren begroot. Dit aantal is een gemiddelde en sommige studenten zullen minder tijd nodig hebben, maar een deel zal ook meer tijd nodig hebben. Op een bepaald moment, na vele rondes van feedback geven, wordt duidelijk dat het eindproduct van student X nog altijd niet voldoet aan de minimumeisen voor een voldoende. De student heeft verder alle vakken van de opleiding afgerond. Komend jaar staat een grote curriculumwijziging op het programma, waarbij ook de wijze van afstuderen verandert. Daarnaast heeft de student een financieel probleem. Zijn studielening is al zo ver opgelopen dat nog meer lenen echt onverantwoord is. De begeleider besluit dat de student het product ter beoordeling kan voorleggen aan de beoordelaar. Met een toelichting over de achtergronden van de student en het afstudeerwerk staat de beoordelaar voor een dilemma: Geef ik de student een genadezesje, of houd ik voet bij stuk dat het werk echt nog onvoldoende is.

Op basis van alle drie kwaliteitscriteria voor toetsing zou de beoordelaar hier op het standpunt kunnen blijven staan dat de student geen voldoende kan krijgen voor zijn scriptie. De beoordelaar mag echter niet onder druk gezet worden door de begeleider en/of de student in het geven van zijn beoordeling. De ideale beoordelaar is namelijk een integere professional, waarbij objectiviteit een van de vuistregels is (Holleman, 2006). De beoordelaar beoordeelt zonder aanzien des persoons in hoeverre de producten van de student voldoen aan de criteria. Hierbij vermijden zij positieve en negatieve discriminatie.

De situatie bij dilemma 4 is echter wel problematisch voor zowel de student als voor de opleiding. De vraag is of het te verantwoorden is dat een student die alle vakken van de opleiding met goed gevolg heeft afgelegd, kan struikelen over de laatste proeve van bekwaamheid. Had de student al eerder feedback gekregen op zijn ontoereikende schriftelijke taalvaardigheid?

Het oplopen van vertraging gedurende een opleiding kan verschillende oorzaken hebben, zoals de inrichting van het toetsprogramma of het studiegedrag van de student. Dit studiegedrag wordt mede beïnvloed door de manier van beoordelen (Gibbs, 2010). Een belangrijk onderdeel van beoordelen is de formatieve beoordeling. Het is dus tijdens de afstudeerfase, maar zeker ook in de weg naar de afstudeerfase toe, belangrijk om studenten regelmatig te voorzien van feedback (Cohen-Schotanus, 2012). Tevens moet er een goede opbouw zitten in het toetsprogramma. Het afstudeertraject wordt veelal gezien als een proeve van bekwaamheid. Deze bekwaamheid dient dan al wel in de periode voor het afstuderen aangeleerd te zijn bijvoorbeeld door het aanbieden van onderzoekvaardigheden in de eerdere studiejaren. Indien het afstudeertraject ook nog een leertraject is, dan zal daar in de programmering rekening mee gehouden moeten worden.

6.6 Tot slot

In dit hoofdstuk zijn dilemma's beschreven die kunnen spelen bij het beoordelen in het algemeen en specifiek bij het beoordelen in de afstudeerfase. Voor beoordelaars is het van belang om bewust stil te staan bij mogelijke dilemma's en deze te bespreken met collega's en in de begeleidingsfase met de studenten. Het is niet mogelijk om voor alle dilemma's op voorhand te beschrijven welke keuzes gemaakt moeten worden. De eigen professionaliteit van de beoordelaar, waarbij belangeloosheid en onafhankelijkheid kenmerkend zijn, speelt daarbij een belangrijke rol. Vervolgens geldt: Probeer objectief te bekijken wat er aan de hand is. Beschrijf voor jezelf het dilemma en maak duidelijk welke waarden botsen. Neem op basis van die informatie een beslissing en voer die ook uit. Evalueer deze beslissing na afloop van de beoordeling, zodat de beoordelaar zelf en collega's hier voor een volgende situatie van kunnen leren.

Voortreffelijk karakter

Tijdens de opleiding doet een student kennis op en leert zij of hij vaardigheden aan. Kennis en vaardigheden zijn belangrijk voor een student in haar of zijn vormingsproces tot professional. Ook het aanleren van onderzoeksvaardigheden speelt een belangrijke rol in dit vormingsproces. Naast kennis en vaardigheden, is het jezelf aanmeten van een professionele houding een belangrijk vormingsaspect. Kennis, vaardigheden en professionele houding staan op één binnen het vormingsproces, al was het maar omdat deze te beoordelen, te testen, en te onderwijzen zijn.

De morele houding van een student lijkt minder te beïnvloeden in het onderwijsproces. Al was het maar, omdat een docent niet het morele gelijk aan haar of zijn kant heeft. Ethiek van onderzoek toont echter aan dat niet alleen een professionele houding, maar ook een morele houding onmisbaar is voor een professional.

Aristoteles heeft al weer lang geleden invloedrijke gedachten gewijd aan het belang van de morele houding in de vorming van jonge mensen. Hij noemde het een zaak van karaktervorming en het einddoel was een 'voortreffelijk karakter'. Dit lijkt wellicht een hoog, onhaalbaar ideaal, met weinig binding tot het verrichten van onderzoek. Toch is wat hij voor ogen had praktischer en concreter dan op het eerste gezicht lijkt. Iemand met een 'voortreffelijk karakter' bijvoorbeeld, blijft uit de buurt van frauduleuze praktijken, en durft soms, in de rol van 'klokkenluider', misstanden zelfs aan de kaak te stellen.

Aristoteles onderstreept keer op keer dat iemand met een voortreffelijk karakter streeft naar rechtvaardigheid en vriendschap en dit in een concrete gemeenschap met medeburgers. Ook stelt hij dat in het dagelijks leven geluk wel degelijk haalbaar is voor iedereen die bij wat op haar of hem afkomt, poogt het juiste midden te vinden. En dit – een voortreffelijk karakter, geluk – is toch ook wat een onderzoeker wordt toegewenst? En waar een begeleider naar streeft in de dagelijkse praktijk van het onderwijs en in het beoordelen van het werk van jonge mensen?

Literatuur

1. Baartman, L. K. J., Prins, F. J., Kirschner, P. A., & Van der Vleuten, C. P. M. (2007). Determing the quality of competence assessment programs: A self-evaluation procedure. Studies in Educational Evaluation, 33, 258-281. doi:10.1016/j.stueduc.2007.07.004.
2. Cohen-Schotanus, J. (2012). De invloed van het toetsprogramma op studiedoorstroom en studierendement. In H. van Berkel, E. Jansen, & A. Bax, Studiesucces bevorderen: het kan en is niet moeilijk (pp. 65-78). Den Haag: Boom Lemma uitgevers.
3. Downing, S. M. (2004). Reliability: On the reproducibility of assessment data. The Metric of Medical Education, 38, 1006-1012. doi:10.1111/j.1365-2929.2004.01932.x
4. Ebel, R. L. (1983). The practical validation of tests of ability. Educational Measurement: Issues and Practice, 2 (2), 7-10. doi:0.1111/j.1745-3992.1983.tb00688.x.

5. Gibbs, G. (2010). Using assessment to support student learning. Leeds: Met Press. Verkregen op ► http://www.uea.ac.uk/learningandteaching/documents/newacademicmodel/UsingAssessmenttoSupportStudentLearningbyProfessorGrahamGibbs.
6. Holleman, W. (2006). Onderwijsethiek. Een literatuurstudie over professioneel handelen van docenten in het hoger onderwijs. Utrecht: Universiteit Utrecht (IVLOS).
7. Knight, P. T. (2000). The value of a programme-wide approach to assessment. Assessment & Evaluation in Higher Education, 25, 237-251. doi:10.1080/713611434.
8. NVAO (2014). Beoordelingskaders accreditatiestelsel hoger onderwijs Nederland. Verkregen op ► https://www.nvao.net/system/files/procedures/Beoordelingskaders%20accreditatiestelsel%20NL%2019%20december%202014_0.pdf.
9. NVAO (2015). Richtlijn NVAO beoordeling eindwerken 2015. Verkregen op ► https://nvao.net/beoordelingskaders/richtlijn-nvao-beoordeling-eindwerken.
10. Ploegh, K., Tillema, H. H., & Segers, M. S. R. (2009). In search of quality criteria in peer assessment practices. Studies in Educational Evaluation, 35, 102-109. doi:10.1016/j.stueduc.2009.05.001.
11. Van Berkel, H. (n.d.). Toetsen en de rechtsbescherming van studenten. Maastricht: auteur.
12. Van der Vleuten, C. P. M., & Schuwirth, L. W. T. (2005). Assessing professional competence: From methods to programmes. Medical Education, 39(3), 309-317. doi:10.1111/j.1365-2929.2005.02094.x

Ethische antennes

Peter van Zilfhout en Eveline Wouters

Samenvatting

Werken aan ethische antennes is iets dat gedoseerd, en door de jaren heen, wordt verworven. Het is van belang daar al vroeg een aanzet mee te maken, door bij verschillende lessen een kleiner of groter ethisch dilemma te bespreken. Inspirerende lesvormen, aansluitend bij verschillende leerstijlen, helpen daarbij. Een docent, die zich terdege bewust is van het bestaan en benoemen van dergelijke ethische dilemma's, is daarbij de spil.

7.1   Inleiding – 56

7.2   Het normatieve perspectief bij praktijkgericht onderzoek – 56

7.3   De rol en scholing van de docent – 56

7.4   Leerstijlen bij het vormen van 'ethische antennes' – 57

7.5   Tips voor lessen – 59

7.6   Onderzoeksthema's – 60

7.7   De ethische paragraaf – 60

         Literatuur – 61

7.1 Inleiding

Om tijdens (afstudeer)onderzoek op de juiste wijze ethische dilemma's te herkennen en er de tijd en ruimte aan te geven die ze verdienen, is het nodig om, als het ware, 'ethische antennes' te ontwikkelen in de loop van de jaren. Het ontwikkelen van dergelijke ethische voelsprieten is niet iets dat 'erbij' gedaan kan worden. Het is een houding, die men zich langzamerhand eigen maakt. In de praktijk betekent dit dat gedurende de opleiding van studenten, er vanaf de start van hun opleiding én gedurende diverse momenten tijdens hun opleiding, aandacht voor dient te zijn. In dit hoofdstuk wordt het normatieve perspectief (zie de normatieve kaders van elke fase van onderzoek), waar in de vorige hoofdstukken al aan is gerefereerd, beschreven. Daarnaast worden praktische tips gegeven, ontleend aan de ervaringen van een gemêleerde groep deskundige onderzoeksbegeleiders, die studenten kunnen helpen bij het ontwikkelen van ethische antennes tijdens hun opleiding. Tenslotte wordt aangegeven waarom het clusteren tot grotere onderzoeksthema's binnen een (onderzoeks)instituut, niet alleen helpt om meer kennis te ontwikkelen over een bepaald onderwerp, maar ook om ethiek van praktijkgericht onderzoek gemakkelijker een plaats te geven in de begeleiding van onderzoek.

7.2 Het normatieve perspectief bij praktijkgericht onderzoek

Om te begrijpen wat bedoeld wordt met het normatieve perspectief, of de normatieve ruimte waarin onderzoek zich afspeelt, helpt het om de vergelijking te maken met empirie waarop hedendaags onderzoek gebaseerd is. Empirie dat wil zeggen: '*onderzoek gebaseerd op (directe of indirecte) waarnemingen*'. Het normatieve omvat het goede, het juiste, het rechtvaardige, niet per se de wet, niet wat zonder meer objectief waarneembaar is. Dat wat *zou moeten* zijn. Niet dat wat *is*. Het normatieve is dan het tegenovergestelde van het empirische, en het empirische, dat is juist waar de onderzoeker zich op concentreert. Echter, door zich met empirie bezig te houden, komt de onderzoeker juist ook in aanraking met normativiteit. Het bij elkaar brengen van deze gebieden en tot elkaar op de juiste manier laten verhouden, is een opgave gedurende de opleiding van studenten.

> **Box 7.1 Empirie en emotie**
>
> Studenten bespreken in een werkcollege met elkaar wat ze tegenkomen aan onverwachte zaken. De een zoekt nog steeds deelnemers, een ander heeft moeite met de opdrachtgever, weer een andere student heeft moeite met de onderzoeksbegeleider van de opleiding. 'Ja', zegt er iemand, 'we moeten ons concentreren op de zaak zelf, en alles wat het persoonlijke of het emotionele betreft, negeren. Dat houdt alleen maar op.'
> 'Nee', zegt iemand anders, 'dat is juist de kern. Hoe ga ik er persoonlijk mee om? Waarom raakt het me zo? Anders leer ik er niets van.'

7.3 De rol en scholing van de docent

Docenten, begeleiders van onderzoek, zijn een rolmodel voor studenten. Daarom is het belangrijk dat zij zich bewust zijn van ethische dilemma's en deze kunnen herkennen en kunnen bespreken met studenten.

> **Box 7.2 Ons kent ons**
>
> Een masterstudent wil voor zijn onderzoek spelgedrag van jonge kinderen observeren. Het toeval wil dat hij werkt op een basisschool; hij kan dus gewoon tijdens zijn werk observeren. Dat scheelt heel veel gezoek naar een geschikte opdrachtgever en de deelnemers zijn zo voorhanden tijdens zijn eigen werkzaamheden. Hij heeft een goede band met de kinderen en hun ouders/verzorgenden. Het lijkt hem daarom niet nodig om hier tijdens de ouderavondgesprekken verder speciale aandacht aan te schenken.

Het gegeven dat het uitvoeren van een praktijkgericht onderzoek makkelijk kán, wil nog niet zegen dat het ook mág en, misschien nog belangrijker, dat het gewenst is. De student moet te allen tijde toestemming vragen aan de ouders/verzorgenden. Het is aan zijn begeleider om de student hierop te wijzen. Ook dient de begeleider de student te wijzen op belangenverstrengeling; als hij het observeren van de kinderen in zijn klas niet alleen inzet voor de individuele begeleiding van de kinderen, maar ook gaat gebruiken voor zijn eigen praktijkgerichte onderzoek, is er sprake van belangenverstrengeling.

Terwijl studenten zich veelal goed bewust lijken te zijn van sociale ethiek (bijvoorbeeld omgangsvormen in het uitvoeren van hun beroep), is de professionele handelingsethiek rondom het doen van onderzoek niet altijd optimaal ontwikkeld. Maar ook begeleiders van praktijkgericht onderzoek (vaak docenten) zijn zich lang niet altijd bewust van ethische dilemma's die een rol kunnen spelen. Naast de gebruikelijk didactische scholing zouden docenten daarom ook geschoold moeten worden in het herkennen van dergelijke ethische dillema's. Daarbij gaat het er niet zo zeer om dat de docenten een antwoord hebben bij elk dilemma, maar wel dat ze in staat zijn studenten bewust te maken van het bestaan van deze dilemma's en deze ook met ze kunnen bespreken.

Beroepscodes kunnen een verhelderende rol spelen bij het ontwikkelen van een besef van wat wel én wat niet is geoorloofd binnen onderzoek, ook als er geen wet is die het verbiedt. De meeste beroepscodes zijn gericht op situaties in het uitvoerend werk en gaan niet specifiek in op aspecten van praktijkgericht onderzoek. Daar staat tegenover dat er juist ook specifieke codes zijn ontwikkeld rond het gedrag van onderzoekers, waaronder de bekende *Gedragscode Praktijkgericht Onderzoek voor het HBO*. Dit soort codes kunnen actief in het onderwijs worden ingezet bij oefeningen en casusbesprekingen.

Een bruikbare en relevante publicatie op dit gebied is het *European Textbook on Ethics in Research* uit 2010, uitgebracht door de Europese Unie en digitaal beschikbaar.

7.4 Leerstijlen bij het vormen van 'ethische antennes'

Om de groei van ethische antennes te stimuleren bij studenten, is het van belang bewustzijn te hebben van de leerstijl van studenten. Door af te wisselen in werk- of overlegvormen (zie 6.4) kan aan deze verschillende leerstijlen tegemoet worden gekomen. Studenten verschillen in leerstijl. De een zet een stap vooruit door naar zichzelf te kijken en te beschrijven hoe het er 'van binnen' met het denken aan toegaat; de meer reflectieve benadering. De ander externaliseert en leert vooral door 'naar buiten' te kijken; de empirische benadering. De overlegvormen die zijn ontwikkeld in de ethiek houden rekening met deze verschillen in leerstijlen. Dit betekent dat de begeleider er goed aan doet om tijdens de bijeenkomsten meerdere vormen van overleg te introduceren. Niet alleen worden dan de verschillen tussen studenten qua leerstijl en denken erkend, maar worden studenten ook gestimuleerd een voor hen minder voor de hand liggende benadering te ontwikkelen. De 'naar binnen-kijker' (vanuit het perspectief van het reflectieve) leert 'naar buiten' te kijken, de zakelijke 'naar buiten-kijker' (vanuit het perspectief van het empirische) leert het binnen-perspectief bij zichzelf te ontwikkelen.

Een bekende indeling in overlegmethoden is van de hand van Manschot en Van Dartel (Manschot & Van Dartel, 2007). Zij onderscheiden binnen ethische overlegmethoden twee hoofdvormen: de probleemgerichte overlegmethoden en de houdingsgerichte overlegmethoden. Beide vormen kunnen worden ingezet bij de bespreking van ethische dilemma's. Grofweg gezegd is de eerste vorm vooral de zakelijke, op het 'probleem' gerichte benadering, terwijl de tweede vorm gezien kan worden als de naar binnen gerichte, reflectieve (houdingsgerichte) variant. Een bekend voorbeeld van een probleemgerichte overlegmethode is de dilemma-methode. Een bekend voorbeeld van een houdingsgerichte overlegmethode is de socratische dialoog.

In de dilemma-methode worden stapsgewijs alle aspecten rondom een specifiek, concreet dilemma besproken. Een van de deelnemers wordt gevraagd een eigen dilemma te presenteren waarbij het van belang is dat iedereen een helder beeld krijgt van de situatie waarin het dilemma opkwam en van alle betrokkenen (de actoren) en hun belangen. Vervolgens proberen de deelnemers het dilemma zo zuiver mogelijk te formuleren en de waardeoriëntatie van de actoren te benoemen. Tot slot worden alternatieve handelingsmogelijkheden onder woorden gebracht. De deelnemer die het dilemma heeft ingebracht ontvangt met het doorlopen van de dilemma-methode een verrijkt beeld van de situatie, en heeft meer inzicht in de waarden en

normen die bij haar/hem en bij de andere actoren spelen. Ook kunnen handelingsalternatieven voor toekomstige dilemma-situaties tot de oogst behoren. De overige deelnemers kunnen hun inzicht verrijken door achteraf soortgelijke, eigen ervaringen te overdenken.

In het socratisch gesprek hebben de deelnemers als doel het verhelderen en aanscherpen van eigen en collectieve gedachten rond thema's als 'gepast onderzoek'. Het socratisch gesprek is een echte gespreksvorm, een dialoog. Een gespreksleider faciliteert en ondersteunt de verkenningen van de deelnemers en bewaakt de uitgangspunten bij deze gespreksvorm. Belangrijke uitgangspunten zijn: gebruik realistische voorbeelden en ervaringen; neem de tijd om te spreken en om te luisteren; stel alleen verhelderingsvragen aan elkaar, vermijd discussie. De deelnemers bezitten na afloop inzicht in wat een thema voor hen betekent en hoe zij dit voor zichzelf omschrijven. Onder invloed van wat de anderen naar voren hebben gebracht, kan de eigen gedachtegang zijn veranderd, of kunnen zelfs nieuwe individuele of collectieve ideeën rond een thema zijn ontstaan.

7.5 Tips voor lessen

Het 'zelf ervaren' van wat het betekent om mee te doen aan praktijkgericht onderzoek, en welke ethische vraagstukken zich daarbij voor kunnen doen, is een heel indringende methode om deze 'voelbaar' te maken.

> **Box 7.3 De student in het diepe**
>
> In een (werk)college wordt een onderzoek uitgevoerd. De docent is (of stelt zich op als) onderzoeker. Er worden een aantal elementen ingebracht die de studenten aan het denken kunnen zetten. Bijvoorbeeld: indien de student niet deelneemt, kan hij niet meedoen aan het assessment. Ook de aard van het onderzoek kan licht discutabel zijn, bijvoorbeeld vanwege de, mogelijk sturende, inhoud van een vragenlijst. Er wordt een informatiebrief gegeven die veel vakjargon bevat. Een dergelijke les vraagt om goede en tijdige terugkoppeling rondom de ingebrachte 'onethische aspecten'.

Bijeenkomsten, zoals werkcolleges, die georganiseerd worden met groepjes studenten tijdens de verschillende fasen van hun onderzoek, vormen vaak een goede gelegenheid om met elkaar in discussie te gaan over ethische aspecten van onderzoek.

> **Box 7.4 Opting-out**
>
> Een student heeft moeite om aan voldoende deelnemers te komen. Hij brengt in dat hij daar een goede oplossing voor heeft gevonden: iedereen doet mee met zijn onderzoek, en als iemand niet meedoet, moet deze een ingewikkelde procedure doorlopen om zijn weigering bekend te maken. Een andere student in het groepje haalt opgelucht adem en ziet direct kansen om zijn, gelijksoortige, probleem op te lossen.

Het voorbeeld van deze student, die inbrengt hoe hij aan voldoende deelnemers kan komen, is aanleiding om het begrip 'passieve consent' en in dit geval, een voorbeeld van ongeoorloofde passieve consent, te adresseren. Dilemma's die ontstaan door tijdsdruk enerzijds en vrijheid van deelnemers om al dan niet mee te werken anderzijds, worden aan de hand van een praktijkvoorbeeld veel duidelijker dan aan de hand van theorie.

Studenten zijn gebaat bij voorbeelden die dicht bij hun eigen onderzoek staan. Theoretische verhandelingen en de noodzaak van het verdrag van Helsinki naar aanleiding van de tweede wereldoorlog zijn stof voor mooie colleges die rechtvaardigen waarom ethiek van onderzoek nodig is, maar daarmee is de vertaalslag naar de praktijk er nog niet. Naast goede casuïstiek, werkt filmmateriaal vaak beter dan woorden. Als er goede voorbeelden, dicht bij de praktijk zijn, zou het goed zijn daar een filmpje van te maken (eventueel gespeeld), en dat met studenten te bespreken. Zulk materiaal kan meerdere malen gebruikt worden in lessen. De band met mede-onderzoekers is essentieel bij het verrichten van onderzoek. Dit kan al vanaf dag één worden gestimuleerd in de opleiding. Medestudenten zijn niet alleen mede-belanghebbenden bij het verkrijgen van een goed resultaat, maar zij kunnen ook fungeren als 'critical friend'. Zo kan de rol van 'critical friend' zelfs een voorwaarde zijn om goed, en ethisch verantwoord, onderzoek uit te voeren.

Welke vorm ook wordt gekozen, het is van belang om, bij het bespreken van ervaringen van studenten zoals in het werkcollege van het voorbeeld, te zorgen voor veiligheid. Vaak voelen studenten zich 'betrapt' of op de vingers getikt als ze iets, vanuit het ethisch perspectief, niet helemaal 'goed' doen. Belangrijk is daarom een veilige sfeer te creëren, waarin deze zaken openlijk besproken kunnen worden en wellicht als praktisch voorbeeld voor een volgende generatie studenten kunnen dienen.

7.6 Onderzoeksthema's

Vaak doen studenten een klein 'los' onderzoek bij een opdrachtgever. Er zijn op die manier heel veel kleine onderzoekjes, die niet thematisch geclusterd zijn. Het gevolg is vaak dat het eerste traject van het onderzoek (o.a. gesprekken met de opdrachtgever, komen tot een onderzoeksvraag) heel erg veel tijd kost. Studenten (en hun begeleiders) hebben dan weinig gelegenheid, in de beperkte tijd die er is voor (afstudeer)onderzoek, te komen tot gesprekken over ethische dilemma's. De begeleiding staat dan ook vaak in het teken van de pragmatiek. Door thematisch te clusteren, bijvoorbeeld deelonderzoek te laten uitvoeren door studenten binnen groter en langlopend onderzoek, gaat er meestal minder tijd verloren. Dan kunnen studenten op de onderdelen die zij doen, de tijd nemen om langer stil te staan bij wat ze zelf doen. Tevens is er hierdoor meer gelegenheid om studenten, die aan hetzelfde onderzoeksthema werken, ervaringen en ideeën te laten uitwisselen. Ook kan er worden geleerd van het proces én de resultaten van voorafgaande deelonderzoeken die tot hetzelfde onderzoeksthema behoren.

7.7 De ethische paragraaf

Aandacht voor de ethiek van onderzoek kent ook heel praktische kanten. Een bekende manier om de aandacht voor de ethische kant van onderzoek te versterken, is om studenten er een gewoonte van te laten maken dat zij in elke onderzoekrapportage of onderzoeksverslag een plek inruimen voor een ethische paragraaf. Zeker als het een omvangrijk onderzoek betreft, is een ethische paragraaf een – morele- verplichting aan de onderzoeker of het onderzoeksteam.

Een bijkomend voordeel van zo'n ethische paragraaf is natuurlijk dat de onderzoeker al aan het begin van het onderzoek, in de oriëntatie- en ontwerpfase, zich gedwongen ziet om over de ethische aspecten van het onderzoek na te denken. Dit kan zeker bijdragen tot een groeiende gevoeligheid en 'routine' voor deze kant van het onderzoek.

Nog een bijkomend voordeel is dat de onderzoeker, door al vanaf het begin van een onderzoek met ethiek bezig te zijn, zich – hopelijk – zal realiseren dat ethiek van onderzoek niet alleen een plaats heeft in het onderzoek zelf en al haar fases, maar ook een integraal deel uitmaakt van de eigen vorming als onderzoeker. Zo kunnen praktische zaken een multiplier-effect opleveren dat verder gaat dan alleen de op het eerste oog korte, verplichte ethische paragraaf van een onderzoeksverslag.

> **Mannelijke en vrouwelijke 'ethische antennes'?**
>
> Een bekend model om de morele ontwikkeling van kinderen in kaart te brengen is van de hand van Lawrence Kohlberg en zijn team. De morele ontwikkeling verloopt volgens Kohlberg grofweg gezegd in drie grote stappen, even los van nuances en kleinere tussenstappen. Eerst gedraagt een kind zich pre-conventioneel (het gehoorzaamt anderen), vervolgens bevindt het zich in het conventionele stadium (het gehoorzaamt aan de moraal van de peer-group), om aan het einde van de ontwikkeling zich post-conventioneel (het gehoorzaamt aan eigen waarden en normen) op te stellen in morele aangelegenheden. Het model kwam tot stand, nadat Kohlberg en zijn team veel gesprekken met kinderen en jongvolwassenen hadden gevoerd, en hen allerlei dilemma's hadden voorgelegd. Hoe helder het model ook is, er kleven minstens twee bezwaren aan. Het eerste bezwaar is dat het een model is, en een model doet altijd op de een of andere manier de werkelijkheid geweld aan. Voorzichtigheid in het gebruik is altijd geboden. Het tweede bezwaar werd in eerste instantie niet echt als bezwaar gezien. Uit het onderzoek bleek volgens Kohlberg dat mannen in staat zijn het post-conventionele stadium te bereiken, maar dit gold niet voor vrouwen. Zij bleven volgens hem 'steken' in eerdere fasen. Deze uitkomst zou natuurlijk grote gevolgen hebben voor de ontwikkeling van 'ethische antennes' van mannelijke en vrouwelijke onderzoekers, en voor de verschillen tussen hen.
>
> Echter, in 1982 publiceerde Carol Gilligan *In a different voice*, een empirische studie over de morele ontwikkeling van vrouwen. Gilligan was in de zeventiger jaren assistent van Kohlberg geweest. Uit haar empirisch onderzoek bleek dat vrouwen een andere ontwikkeling doormaken dan mannen. Dit verschil had niets te maken, stelde zij, met het al dan niet kunnen bereiken van een hoogste stadium, maar met een verschil in startpunt van de ontwikkeling. Waar mannen (om zich te ontwikkelen) zich dienen af te scheiden van de moeder, geldt voor vrouwen dat zij zich blijvend verbonden weten met de moeder. Voor mannen is het essentieel om individualiteit te ontwikkelen, en dan relaties met anderen te leggen, voor vrouwen is het essentieel om relaties te onderhouden, en daarbinnen een eigen individualiteit te ontwikkelen. Kohlberg, als mannelijk onderzoeker, ontbeerde de ethische antenne om dit verschil te detecteren en naar waarde te schatten.

Literatuur

1. European Textbook on Ethics in Research uit 2010, uitgebracht door de Europese Unie en digitaal beschikbaar. (https://ec.europa.eu/research/science-society/document_library/pdf_06/textbook-on-ethics-report_en.pdf, gedownload op 28-6-2016.)
2. Manschot, H. van, & Dartel, H. van (red.) (2003), *In gesprek over goede zorg. Overlegmethoden voor ethiek in de praktijk*, Boom, Amsterdam

Ethiek in onderzoek van de toekomst

Sil Aarts, Gerard Schouten en Bart Wernaart

Samenvatting

Tot op heden is het gebruik van grote hoeveelheden data in praktijkgericht onderzoek nog schaars. Maar dat zal niet zo blijven. Juist doordat de hoeveelheid beschikbare data steeds grotere vormen aanneemt, mede door de ontwikkelingen op het gebied van technologie, zal ook praktijkgericht onderzoek hier in de toekomst vaker mee te maken krijgen. Het is tot op heden nog onduidelijk wat onderzoekers wél en niet met dergelijke datasets mogen onderzoeken en op welke wijze. Juist gezien de snelle ontwikkelingen op het gebied van big data en technologie, en de nieuwe mogelijkheden die ze bieden op het gebied van wetenschap en de gezondheidszorg, is het van belang om de 'ethische antennes', zoals besproken in ▶ H. 7, te gebruiken om de mogelijke ethische dilemma's die zich hierbij voordoen het hoofd te kunnen bieden.

8.1 Inleiding – 64

8.2 Dataverzameling van de toekomst: veel, gevarieerd en snel – 64

8.3 Dataverzameling van de toekomst: privacy – 65

8.4 Dataverzameling in de toekomst; nieuwe vormen van technologie – 67

8.5 Internet of things – 68

Literatuur – 69

8.1 Inleiding

Mogen bedrijven wearables gebruiken om de gezondheid van hun medewerkers in de gaten te houden? Hoe betrouwbaar zijn de gegevens die verkregen worden door middel van sociale media kanalen zoals Facebook? Ontwikkelingen op het gebied van data en technologie zorgen voor ethische vraagstukken die onderzoekers nog niet eerder zijn tegengekomen in (praktijkgericht) onderzoek. Nieuwe constructen passend bij deze nieuwe tijd, werpen nieuwe ethische consequenties op voor dit onderzoek. Dit hoofdstuk heeft als doel inzicht te krijgen in een aantal, voor de toekomst mogelijk belangrijke, onderwerpen en de daarbij horende ethische dilemma's. Het fenomeen 'big data', waarbij ontzettend veel informatie in korte tijd gegenereerd kan worden, wordt besproken. Daarnaast bespreken we nieuwe technologieën die toegepast kunnen worden in onderzoek. Wanneer een techniek meer mogelijk maakt dan voorheen roept dit immers vaak nieuwe, ethische, vragen op.

8.2 Dataverzameling van de toekomst: veel, gevarieerd en snel

Wetenschappers becijferden dat we in 2016 meer dan vijf miljard gigabyte aan data per tien minuten opslaan, een hoeveelheid data die gelijk staat aan alle opgeslagen data van het begin van het computertijdperk tot 2003. Veel bedrijven, overheden en onderwijsinstellingen verzamelen grote hoeveelheden data om inzicht te krijgen in het gedrag van respectievelijk consumenten, burgers en studenten. We spreken dan over 'big data'. Maar wat zijn big data eigenlijk? Een min of meer geaccepteerde zienswijze is dat big data vooral een ontwikkeling vertegenwoordigen die bestaat uit drie componenten: het gaat om een enorme omvang aan digitale data

(*volume*), deze data zijn divers en vaak ongestructureerd (*variety*), en deze data worden in een hoog tempo geproduceerd en verwerkt (*velocity*). Kortom, het gaat niet alleen om de *hoeveelheid* data, het gaat ook om *diversiteit* en *snelle beschikbaarheid* van data (Laney, 2001).

8.3 Dataverzameling van de toekomst: privacy

In tegenstelling tot traditionele data, die worden verzameld met een bepaald doel (dat wil zeggen, het toetsen van een bepaalde, a-priori gestelde hypothese), heeft big data juist als doel veel data die betrekking hebben op een bepaalde onderwerp te verzamelen. Dit wordt veelal gedaan zonder vooraf een duidelijke onderzoeksvraag te formuleren. Het idee is hier dat deze data kunnen 'verrassen' en juist vragen kunnen genereren. Traditionele data worden ook wel gezien als '*hypothesis-driven*', terwijl big data worden gezien als '*data-driven*'. Het uiteindelijke doel is bij aanvang van big data onderzoeken vaak nog niet scherp omlijnd. De onderzoeken, en dientengevolge ook de onderzoeksvragen en hypotheses, worden vaak iteratief bijgesteld aan de beschikbare data.

Het verzamelen en analyseren van zulke grote hoeveelheden data biedt voordelen die traditionele data niet bieden. Met behulp van big data kan er namelijk onbekende en 'verborgen' informatie worden gevonden; informatie die nuttig kan zijn voor de maatschappij, de praktijk, of de gezondheidszorg, maar waar voorheen nog niet aan werd gedacht. We noemen aan aantal voorbeelden.

In 1999 kwam het geneesmiddel Vioxx op de markt voor de behandeling van de verschijnselen van artrose en reuma. Naar schatting gebruikten 80 miljoen mensen dit geneesmiddel. Sindsdien waren er al enkele kleinschalige studies verschenen die lieten zien dat Vioxx niet zonder risico was. Echter, het was pas in 2004 dat een studie, gebaseerd op een enorme dataset, het verschil tussen gebruikers van Vioxx en gebruikers van een ander geneesmiddel vergeleek met betrekking tot het risico op cardiovasculaire problemen. Deze studie bracht meer dan 27.000 hartaanvallen aan het licht, die het gevolg waren van het gebruik van het geneesmiddel Vioxx (Raghupati & Raghupati, 2014).

In 2009 was de wereld in de ban van de Mexicaanse griep. De WHO waarschuwde dat deze griep mogelijk snel zou kunnen uitgroeien tot een levensbedreigende pandemie. Het snel voorspellen van hoe deze epidemie zich zou ontwikkelen was dan ook van groot belang. In de VS werd de verspreiding van griep gemonitord door het departement 'Health & Human Services' (HHS). De gegevens die hiervoor gebruikt werden bestonden voornamelijk uit het aantal mensen dat zich meldde met griepachtige verschijnselen bij huisartsen en ziekenhuizen. Het verzamelen en verwerken hiervan kostte een aantal dagen. Het resultaat was dat de HHS een kleine week later een ruwe schatting kon publiceren over de verspreiding van de Mexicaanse griep per staat. Statistici bij Google hadden het idee dat dit beter en sneller kon. Door afwijkingen in het zoekgedrag van mensen op Internet te analyseren (namelijk griep-gerelateerde zoekopdrachten) kwamen ze, binnen 24 uur, op een nauwkeurige voorspelling van de verspreiding van de epidemie.

Een wetenschappelijk onderzoek, in 2014, liet zien dat met behulp van text-mining (een analyse methode voor grote hoeveelheden geschreven tekst) in Medline (Pubmed), nieuwe combinaties van psychische en somatische aandoeningen gevonden konden worden (bijvoorbeeld schizofrenie en hartfalen), die voorheen onbekend waren bij gezondheidsexperts (Vos e.a., 2014). Naar aanleiding daarvan konden experts bedenken wat de mogelijke oorzaken van de associaties zouden kunnen zijn.

◘ **Figuur 8.1** Teletekstbericht van 24 november 2015

De doelstelling van het gebruik van big data is dus het vinden van verbanden en relaties en het doen van voorspellingen waar onderzoekers voorheen nog niet bekend mee waren. Dit 'exploratieve karakter' heeft echter ook consequenties waar kanttekeningen bij geplaatst kunnen worden. De eerste kanttekeningen die worden geplaatst, zijn veelal gerelateerd aan privacy; 'Hoe zit het met de anonimiteit'?, 'Wie heeft allemaal toegang tot deze data?', en 'Wat wordt er eigenlijk allemaal verzameld en geanalyseerd?'. Met name bij data die vertrouwelijke informatie bevatten zoals medische informatie of informatie die door politie en justitie wordt verzameld, worden deze vragen geopperd. Ondanks dat er veel nationale en Europese wetten zijn die verband houden met privacy van gegevens (zie ▶ H. 9), zijn deze niet altijd toepasbaar op de constante ontwikkelingen in de onderzoekswereld (zoals de Autoriteit Persoonsgegevens aangeeft in zijn agenda van 2016: '*de Autoriteit Persoonsgegevens zal handreikingen opstellen voor het gebruik van persoonsgegevens op het snijvlak van zorg en wetenschap*'). Deze wetgeving zorgt ervoor dat individuele datasets zelden gevoelige informatie over iemands privéleven bevatten. Door het verwijderen van identificerende gegevens worden de gegevens geanonimiseerd. Echter, door het combineren van dergelijke datasets, veelal afkomstig van verschillende bronnen, bestaat de mogelijkheid dat de gegevens 'gedeanonimiseerd' worden, ofwel: de combinaties maken dat deze herleidbaar zijn naar specifieke personen. Zo is big data vaak afkomstig uit verschillende (zorg)domeinen en kunnen dan ook worden gebruikt voor andere doeleinden dan waarvoor ze oorspronkelijk (individueel) bedoeld zijn. Uit een onderzoek (Ottes, 2014) bleek dat maar liefst 40 procent van de deelnemers aan een, anoniem, DNA-onderzoek uiteindelijk toch geïdentificeerd konden worden. Dit voorbeeld laat zien dat het écht waarborgen van anonimiteit bij het gebruik van dergelijke grote datasets zeer lastig is. '*Privacy is a thing of the past*', wordt door sommigen zelfs geopperd.

Tegenwoordig 'betalen we met onze gegevens'; veel gratis diensten, zoals gratis apps, worden bekostigd door de verkoop van gegevens die door gebruikers worden verzorgd (zie bijvoorbeeld ◘ figuur 8.1). Zo zijn bijvoorbeeld veel Internetwebsites niet eens te gebruiken als men de 'cookies' (dat wil zeggen, een manier om het Internetgedrag van mensen in kaart te brengen) niet accepteert. De vraag rijst dan ook welke informatie er eigenlijk allemaal verzameld wordt (zie Teletekstbericht van 24 november 2015, ◘ fig. 8.1) en wie allemaal toegang heeft tot deze data. Het recente boekje van de onderzoeksjournalisten Martijn en Tokmetzis (2016) geeft een onthutsende kijk op de online datasporen die we overal nalaten. Recent was de app 'runkeeper' (een app gericht op hardlopers) in het nieuws. Deze app, bedoeld voor hardlopers, houdt via GPS bij hoe ver én hoe hard de gebruiker loopt. De Noorse consumentenbond claimde onlangs (mei 2016) dat deze app echter niet alleen data genereert als deze gebruikt wordt tijdens het hardlopen, maar ook als de app niet gebruikt wordt voor dat doel (en de gebruiker dus niet aan het hardlopen is, maar bijvoorbeeld gewoon op zijn werk is of op bezoek is bij de buren). Er worden dus ook data gegenereerd van ander gedrag dan alleen het hardloopgedrag, zonder dat de gebruiker zich daarvan bewust is in de meeste gevallen. De consumentenbond beweerde zelfs dat runkeeper deze data ook deelt met derden. De Autoriteit Persoonsgegevens geeft in zijn agenda van 2016 aan, te gaan bekijken *'of dergelijke gegevensverwerkingen (via 'internet of things') in verhouding staan tot de inbreuk die zij maken op de persoonlijke levenssfeer'.*

8.4 Dataverzameling in de toekomst; nieuwe vormen van technologie

In de huidige technologische maatschappij is er geen leven meer te bedenken zonder technologie. Technologische middelen zoals een elektrische tandenborstel, een magnetron, een elektrische boormachine en een smartphone, hebben onze samenleving drastisch veranderd. Gezien de fundamentele rol die technologie speelt in onze levens, is de rol die technologie speelt in onderzoek ook steeds prominenter aanwezig. De steeds geavanceerdere computertechnologie maakt het niet alleen mogelijk steeds meer data te verzamelen en te bewaren, maar deze ook sneller te kunnen verzamelen en analyseren.

In het huidige zorglandschap wordt er meer en meer gebruik gemaakt van zogenoemde 'lifestyle gadgets'. Zo zijn wearables (ook bekend als fitnessarmbanden of fitbits) tegenwoordig immens populair. Een gemiddelde fitnessarmband meet tijdens het dragen bijvoorbeeld het aantal stappen dat de gebruiker heeft gezet, het calorieverbruik, de omgevingstemperatuur en, als hij 's nachts wordt gedragen, ook de slaapkwaliteit. Maar wat als we deze wearables aan studenten geven om hun gezondheid bij te houden en, indien nodig, wat tips & tricks te geven zodat ze hun gezondheid (en dientengevolge hun schoolprestaties) kunnen verbeteren? Mag studenten gevraagd worden de data die verkregen worden met deze wearable te delen? Dat ligt aan de toepassing. Voor onderzoeksdoeleinden mag er meer dan voor regulier gebruik door een organisatie. Bij onderzoek is het wel van belang dat de verzamelde data niet tot de persoon herleidbaar zijn. De Autoriteit Persoonsgegevens gaf in 2016 een volmondig 'Nee' als antwoord toen twee bedrijven wearables gebruikten om inzicht te krijgen in de hoeveelheid lichaamsbeweging (en slaap) van hun medewerkers. Zelfs als de medewerker zelf toestemming geeft voor het bijhouden van de door hem of haar gegeneerde data, mag dit niet, luidde het devies. Volgens het Autoriteit Persoonsgegevens is dit in strijd met de Wet bescherming persoonsgegevens (zie ▶ H. 9). Bij regulier gebruik binnen een organisatie is men veel strenger.

Onderzoek dat gebruikmaakt van sociale media is tevens 'booming'. 'Duik diep in de sociale media data en ontdek of analyseer trends. Zoek naar sociale media berichten over een bepaald onderwerp; analyseer berichten van sociale netwerksites, blogs en fora [...] met gemak', zo luidt het bericht op ▶ www.coosto.com, een website die onderzoek met behulp van sociale media faciliteert. Juist omdat dergelijk onderzoek relatief gemakkelijk en snel uitvoerbaar is (in een relatief korte tijd kunnen veel data worden vergaard) is deze vorm van Internetonderzoek in trek. Instituten, bedrijven en overheden maken dan ook steeds meer gebruik van sociale media om inzicht te krijgen in de gedragingen en voorkeuren van groepen mensen. De vraag is dan hoe representatief data verkregen via Internet eigenlijk zijn. Stel dat men onderzoek wil doen naar bepaalde gedragingen of uitspraken via Facebook. Facebook heeft pas sinds 2016 een zogeheten 'dislike-knop'. Dat betekent dat het voorheen dus veel gemakkelijker was om een positieve reactie te plaatsen dan een negatieve reactie. Als men de data verkregen via Facebook vervolgens analyseert zou het zo kunnen zijn dat gemakkelijker een positief dan een negatief resultaat wordt gevonden. Er bestaan zelfs websites die de mogelijkheid bieden om 'likes' te kopen. Hoe waarheidsgetrouw zijn deze gegevens dan? En de conclusies uit onderzoeken die worden gebaseerd op dergelijke data? Bij onderzoek dat gebaseerd is op data van sociale media is het, net zoals bij gebruik van 'normaal vergaarde data', belangrijk dat onderscheid gemaakt wordt tussen verschillende populaties of groepen die gebruik maken van Internet. Zo zijn op LinkedIn vrouwen ondervertegenwoordigd, trekt Instagram weer meer vrouwen dan mannen, en blijkt ook het overgrote deel van Pinterest-gebruikers vrouw te zijn. Ook als we kijken naar bijvoorbeeld inkomen zijn er verschillen; het inkomen van LinkedIn gebruikers blijkt veel hoger te liggen dan het modale inkomen. Juist als er bij onderzoeken, die gebruik maken van dergelijke grote hoeveelheden internetdata, geen onderscheid wordt gemaakt tussen verschillende onderzoekspopulaties, kan dit een vertekening van de resultaten opleveren. Dit houdt in dat onderzoekers die gebruik willen maken van internetdata deze kennis wel moeten hebben. Pas dan kan er rekening gehouden worden met bovengenoemde factoren en kunnen er vragen gesteld worden zoals 'Voor welke groepen zijn deze data representatief?', 'Kan ik deze data generaliseren naar andere groepen' en 'Wat betekenen deze resultaten voor de praktijk?'. Dit om verkeerde conclusies zo veel mogelijk te beperken.

Een ander dilemma betreft de toestemming van deelnemers; ook wel 'informed consent' genoemd. Zoals in de voorgaande hoofdstukken te lezen is, is het principe van onderzoek doen dat potentiële deelnemers worden geïnformeerd over het uit te voeren onderzoeken en dat zij, voor deelname, ondubbelzinnig toestemming geven. Voor onderzoek dat gebruik maakt van duizenden of misschien zelfs miljoenen deelnemers, bijvoorbeeld bij een onderzoek dat gebruik maakt van twitter-accounts, is dit onmogelijk. En stel dat het wel mogelijk was, dan zou je jezelf kunnen afvragen of het wenselijk is om dagelijkse een uitnodiging te ontvangen met daarin de vraag om je internetdata te mogen gebruiken. In deze context kan ook de oprechtheid van deze 'consent' een ethisch vraagstuk opleveren. Het is maar zeer de vraag in hoeverre er sprake is van 'vrijheid' wanneer het alternatief voor een internetgebruiker is dat er geen gebruik gemaakt kan worden van bepaalde websites wanneer toestemming tot het verstrekken van gegevens niet gegeven wordt.

8.5   Internet of Things

Het internet is in feite een enorm groot netwerk van sites die toegankelijk zijn voor computers en met inhoud gevuld zijn door mensen. Het 'Internet of Things' verwijst naar een toekomstscenario waarbij de meerderheid van de internetgebruikers zal bestaan uit semi-intelligente apparaten (Xia et al., 2012). Alledaagse voorwerpen, zoals een auto (die zelfsturend is), een koffiezetapparaat (dat onthoudt hoe je je koffie het liefst drinkt, maar ook communiceert met de digitale wekker of smartphone en alvast een kop koffie zet terwijl de wekker gaat), een koelkast (die detecteert welke levensmiddelen bijna op zijn en aan de hand hiervan een boodschappenlijstje maakt en stuurt naar de bezorgdienst van een supermarkt) of zelfs kleding (die traceerbaar is met je smartphone) hebben in dit scenario een IP-adres en worden hierdoor een entiteit op het internet. Dergelijke apparaten kunnen dus niet alleen communiceren met mensen, maar ook met andere apparaten. Ze kunnen hierdoor op basis van verkregen informatie zelf beslissingen nemen.

De technologie die dergelijke ontwikkelingen mogelijk maakt wordt steeds geavanceerder, kleiner én goedkoper waardoor ze in een steeds breder scala van mogelijkheden toepassing vindt. Het is moeilijk om alle consequenties hiervan nu al helemaal te doorgronden. Echter, één ding lijkt vast te staan: de hoeveelheid opgeslagen data zal exponentieel toenemen. Het is dan ook niet ondenkbaar dat deze vormen van technologie kunnen worden ingezet in praktijkgericht onderzoek.

> **De wil tot weten**
>
> De drang tot kennis lijkt de mens te zijn aangeboren. Een groot onderzoeker brengt de mensheid vooruit, vermindert vaak met de resultaten van het onderzoek de kans op ongeluk en vergroot de kans op herstel (een nieuw ontwikkeld medicijn, een nieuwe prothese, een democratischer financieringssysteem). Tot zover alleen de voordelen van onderzoek.
>
> Ethici als Nietzsche en Foucault brengen ook een andere kant van onderzoek naar voren. Onder de noemer 'de wil tot weten' heeft Nietzsche betoogd dat mensen onder het mom van onderzoek vooral een ander doel bevorderen, en wel een wil tot machtsuitoefening. Deze macht kan zich uitstrekken over de natuur, over niet-menselijke levens en over mensen zelf. Onderzoek en onderdrukking, stelt Foucault, kunnen niet van elkaar worden onderscheiden. Zij zijn twee kanten van dezelfde medaille, waardevrij onderzoek is een illusie. Onderzoek is nodig en onderzoek is gevaarlijk. Onderzoek is ook altijd verzet. De psychiatrie bijvoorbeeld, stelt Foucault in zijn *De Geschiedenis van de waanzin,* heeft de afgelopen 100 jaar de geesteszieken – letterlijk – bevrijd van hun ketenen, en tegelijkertijd met de opkomst van behandelingen de patiënten hun eigen, authentieke verhaal ontnomen (Foucault, 1961).
>
> De eerste aankondiging van 'de wil tot weten' vindt al snel plaats in het onderzoeksproces. Het dient zich al aan in de oriëntatiefase van elk onderzoek en vraagt tijdens het gehele onderzoeksproces om zorgvuldige, morele afwegingen.

Literatuur

1. Duggan M, Brenner J. The Demographics of Social Media Users – 2012 2012 [Available from: ▶ http://www.pewinternet.org/files/old-media//Files/Reports/2013/PIP_SocialMediaUsers.pdf.
2. Federal Trade Commission. (2016). Big Data A Tool for Inclusion or Exclusion?. FTC, January 2016.
3. Foucault, M. (1961) Folie et déraison. Histoire de la folie à l'âge Classique. Parijs: Plon.
4. Laney, D. (2001). 3D Data management: controlling data volume, velocity and variety. Meta Group. Retrieved from: ▶ http://blogs.gartner.com/doug-laney/files/2012/01/ad949-3D-Data-Management-Controlling-Data-Volume-Velocity-and-Variety.pdf.
5. Martijn, M. & Tokmetzis, D. (2016). Je hebt wél iets te verbergen. De Correspondent BV. ISBN 978-9082520323.
6. Mayer-Schönberger, V. & Cukier, K. (2013). Big Data: a revolution that will transform how we will live, work and think. New York/Boston: Eamon Dolan.
7. Naughton J. Personal privacy is a thing of the past, so you'd better get used to it. The Guardian. 2011.
8. Ottes L. WRR (Wetenschappelijke Raad voor het Regeringsbeleid). Rapport Big data in de zorg. Den Haag: Amsterdam University, 2016. Verkregen van ▶ http://www.wrr.nl/fileadmin/nl/publicaties/PDF-Working_Papers/WP_19_Big_data_in_de_zorg.pdf
9. Paul MJ, Sarker A, Brownstein JS, Nikfarjam A, Scotch M, Smith KL, et al. Social Media Mining for Public Health Monitoring and Surveillance. Pac Symp Biocomput. 2016;21:468-79.

10. Raghupati, R. & Raghupati, V. (2014). Big Data analytics in healthcare: promise and potential. Health Information Science and Systems 2014 vol. 2:3.
11. Roy D, Taylor J, Cheston CC, Flickinger TE, Chisolm MS. Social Media: Portrait of an Emerging Tool in Medical Education. Acad Psychiatry. 2016;40(1):136-40.
12. Smolan R, Erwitt J. The Human Face of Big Data. New York: Sterling Publishing Co Inc; 2013.
13. Steele S, Adcock C, Steel A. Ethical, legal and professional issues arising from social media coverage by UK Helicopter Emergency Medical Services. Emerg Med J. 2016;33(1):57-60.
14. Tanner A. Harvard professor reidentifies anonymous volunteers in DNA study. 2013.
15. Vos R, Aarts S, van Mulligen EM, Metsemakers JFM, van Boxtel MPJ, Verhey FRJ, et al. Finding potentially new multimorbidity patterns of psychiatric and somatic diseases: exploring the use of literature-based discovery in primary care research. J Am Med Inform Assoc. 2014;21(1):139-45.
16. Steel, E. (2013, 12 June). Financial worth of data comes in under a penny a piece. The Financial Times.
17. Vos, R, Aarts, S, van Mulligen, E.M, Metsemakers, J.F.M, van Boxtel, M.P.J, Verhey, F,R.J, & van den Akker, M. (2014). Finding potentially new multimorbidity patterns of psychiatric and somatic diseases: Exploring the use of literature-based discovery in primary care research. Journal of the American Medical Informatics Association (JAMIA) : the official journal of the American Medical Informatics Association, 21(1), 139–145. doi:10.1136/amiajnl-2012-001448
18. Xia, F., Yang, L.T., Wang, L. & Vinel, A. (2012). Internet of things. International journal of communication systems. 2012; 25:1101–1102.

Wet- en regelgeving in (praktijkgericht) onderzoek

Charlotte Swolfs en Bart Wernaart

Samenvatting

Bij het doen van onderzoek zijn een aantal juridische aspecten relevant. Op de eerste plek is dat het recht op privacy, dat voornamelijk gewaarborgd is in de Wet Bescherming Persoonsgegevens. Uit deze wet maken we op dat er een juridische bescherming is voor gegevens die kunnen leiden tot de identificatie van een persoon. De onderzoeker die werkt met dergelijke gegevens zal zich aan de principes van de wet moeten houden, de gegevensverwerking moeten kunnen rechtvaardigen, alsmede de rechten van de betrokkene in acht moeten nemen. Dit geldt dus ook bij het publiceren van onderzoeksresultaten. Voor WMO-plichtig onderzoek zijn de spelregels nog strikter. Op de tweede plek zal een onderzoeker rekening moeten houden met aspecten van Intellectueel Eigendom. In de context van het publiceren van onderzoek is vooral het auteursrecht van belang. In beginsel is de schrijver van een publicatie auteursrechthebbende, maar hier zijn belangrijke uitzonderingen op.
De auteursrechthebbende bezit in beginsel de exploitatierechten, die nodig zijn om een onderzoek voor het publiek toegankelijk te maken. Het is daarnaast belangrijk rekening te houden met portretrecht wanneer in een publicatie mensen herkenbaar in beeld gebracht te worden.

Een derde juridisch aspect betreft het afsluiten van een verzekering ten behoeve van de dekking van mogelijke schade aan deelnemers van een onderzoek. Bij WMO-plichtig onderzoek is dat in beginsel verplicht, maar het is goed om na te gaan of het afsluiten van een verzekering wellicht ook verstandig is bij niet WMO-plichtig onderzoek, en in hoeverre de algemene aansprakelijkheidsverzekering schade bij deelnemers dekt.

9.1	**Inleiding – 73**	
9.2	**Privacy – 74**	
9.2.1	Verschillende soorten gegevens – 74	
9.2.2	Wettelijke regels bij verwerking persoonsgegevens bij onderzoek – 76	
9.2.3	Nadere regels bij de verwerking van bijzondere persoonsgegevens – 77	
9.2.4	Rechten van de betrokkene – 78	
9.2.5	Publicatie en persoonsgegevens – 79	
9.2.6	Foto- en videomateriaal bij onderzoek – 79	
9.2.7	Informed consent bij WMO-onderzoek – 80	
9.3	**Intellectueel eigendom en onderzoek – 80**	
9.3.1	Intellectueel eigendom – 80	
9.3.2	Auteursrecht – 81	
9.3.3	Portretrecht – 82	
9.3.4	Bronvermelding en plagiaat – 83	
9.3.5	Persoonlijkheidsrecht en exploitatierechten – 83	
9.4	**Verzekering voor deelnemers – 84**	
9.4.1	WMO: verzekering voor proefpersonen – 84	
9.4.2	Niet-WMO: verzekering voor deelnemers – 84	
9.4.3	Aansprakelijkheidsverzekering: voor alle type onderzoek – 85	

9.1 Inleiding

De boodschap van de *Gedragscode Praktijkgericht Onderzoek voor het HBO* is duidelijk: *'onderzoekers aan het hbo zijn respectvol'*. Dit houdt in dat zij rekening houden met (o.a.) rechten, belangen en privacy van de betrokkenen in het uitvoeren van onderzoek. Onderzoekers leven de regelgeving en protocollen na die binnen het vakgebied gelden voor het doen van onderzoek. Maar wat schrijft de regelgeving onderzoekers nu concreet voor? In dit hoofdstuk bespreken we allereerst de wetgeving met betrekking tot privacy, vervolgens zal de wetgeving omtrent auteursrechten uiteengezet worden. Tenslotte gaan we in op verzekeringen met betrekking tot het doen van onderzoek.

In dit hoofdstuk wordt gesproken over 'betrokkene', in lijn met de wettelijke definitie van de *Wet Bescherming persoonsgegevens* (hierna: *Wbp*), waar ook respondent of deelnemer gelezen kan worden.

9.2 Privacy

Deze paragraaf is gericht op alle gegevensverwerking ten behoeve van het doen van (al dan niet medisch-wetenschappelijk vallend onder de reikwijdte van de WMO) onderzoek. We zetten het juridisch kader uiteen voor het gebruik van data ten behoeve van praktijkgericht onderzoek. De Wbp[1] is hierbij essentieel. Deze wet is van toepassing op de verwerking van persoonsgegevens.[2] Dit zijn gegevens die betrekking hebben op een te identificeren natuurlijk persoon. Anonieme gegevens vallen hier nadrukkelijk niet onder. Onderzoeksdata – al dan niet (direct) herleidbaar tot een individu – kunnen verzameld, opgeslagen, verwerkt en geanalyseerd worden in en tot verschillende categorieën gegevens. Deze categorieën gegevens, de vigerende regelgeving en de twee typen onderzoek (wel/niet vallend onder de WMO) komen aan bod in dit hoofdstuk.

9.2.1 Verschillende soorten gegevens

Om te bepalen of de Wbp van toepassing is, en de onderzoeker zich dus aan deze wet zal moeten houden in het gebruik van de data die worden verzameld, dient de onderzoeker eerst vast te stellen of er sprake is van persoonsgegevens. Volgens artikel 1 (a) van deze wet zijn gegevens persoonsgegevens wanneer ze direct of indirect kunnen leiden tot de identificatie van een persoon. Anonieme gegevens – zoals een stembiljet – vallen daarmee dus buiten de reikwijdte van deze wet. Dat geldt niet zonder meer voor gecodeerde persoonsgegevens. Dit wordt hieronder nader toegelicht, evenals het gebruik van bijzondere persoonsgegevens.

Direct identificeerbare (persoons)gegevens

Het gaat hier om gegevens waar een ieder op zichzelf of door combinatie van een of meer communicatiegegevens de identiteit van betrokkene kan achterhalen. Direct identificerend is bijvoorbeeld de naam met voorletters en een postcode.

Indirect identificeerbare (persoons)gegevens, al dan niet gecodeerd

In principe zijn deze gegevens niet rechtstreeks herleidbaar naar een betrokkene maar de onderzoeker (of een derde die over de codering beschikt) kan het – met de voor hem beschikbare middelen – mogelijk maken om zonder onevenredige tijd en moeite de identiteit te achterhalen. Indirect identificerend is bijvoorbeeld een geboortedatum en een postcode.

Anonieme gegevens

Anonieme gegevens zijn geen persoonsgegevens (en vallen dus niet onder Wbp) en omvatten noch de directe persoonlijke NAW (naam, adres, woonplaats) gegevens van de betrokkene in het onderzoek noch gegevens met zodanige identificatoren, dat zij zonder onevenredige tijd en moeite tot een persoon herleid kunnen worden. Zulke identificatoren zijn bijvoorbeeld statusnummer, postcode en/of een zeldzaam beroep. Anonieme gegevens kunnen eventueel wel een codering bevatten, maar doordat er geen sprake is van persoonsgegevens herleidbaar naar een

---

1 Wet van 6 juli 2000, houdende regels inzake de bescherming van persoonsgegevens, Stb. 2001, 337.
2 'Verwerking': *elke handeling of elk geheel van handelingen met betrekking tot persoonsgegevens, waaronder in ieder geval het verzamelen, vastleggen, ordenen, bewaren, bijwerken, wijzigen, opvragen, raadplegen, gebruiken, verstrekken door middel van doorzending, verspreiding of enige andere vorm van terbeschikkingstelling, samenbrengen, met elkaar in verband brengen, alsmede het afschermen, uitwissen of vernietigen van gegevens.*

individu is, is de Wbp niet van toepassing. Dit is bijvoorbeeld het geval van evaluatieformulieren genummerd van 1-50 die worden afgenomen in een collegezaal om een vak te evalueren. Het verdient aanbeveling om – voor zover het design van het onderzoek dit toelaat – met anonieme gegevens te werken zodat de potentiële inbreuk op de bescherming van de privacy van de betrokkene nihil c.q. zo beperkt mogelijk is. Hoewel anonieme gegevens weliswaar niet onder de Wbp vallen, dient hier wel opgemerkt te worden dat in het werkveld verschillende vormen van zelfregulering zijn vastgesteld waar onderzoekers zich aan moeten houden, ook wanneer het gaat om anonieme gegevens. Dergelijke zelfregulerende gedragscodes zijn vaak per branche beschikbaar, zoals de Gedragscode Gezondheidsonderzoek[3] die van toepassing is op gezondheidsonderzoek (met uitzondering van WMO-plichtig onderzoek). Of bijvoorbeeld een Gedragscode Onderzoek en Statistiek[4] die van toepassing is op beleidsonderzoek en statistiek. In deze gedragscodes wordt een mate van zorgvuldigheid beschreven voor het uitvoeren van onderzoek in relatie tot de kwaliteit en betrouwbaarheid van de gegevens.

Gecodeerde (persoons)gegevens

Het gaat hierbij om gegevens waarin geen direct identificerende persoonsgegevens zijn opgenomen en waaraan een codering is toegevoegd. Die codering is slechts door tussenkomst van de verstrekker of een onafhankelijke derde partij 'open te breken' waardoor met toepassing van de sleutel van de code herleidbaarheid naar betrokkene mogelijk is. Coderen is het proces waarbij communicatiegegevens extern worden vervangen door een codering en de onderzoeker de gegevens vervolgens onder het codenummer verkrijgt. Het is belangrijk te weten waar de coderingssleutel verblijft en hier ook transparant over te zijn naar betrokkene in verband met de herleidbaarheid naar betrokkene. Bij gecodeerde gegevens is het mogelijk dat er nog wel indirect identificerende gegevens aanwezig zijn. Er wordt dan gesproken van gecodeerde persoonsgegevens. Een voorbeeld hiervan is het valideren van een medisch hulpmiddel onder patiënten waarbij de eerste patiënt is gekoppeld aan een code: nummer 1, gevolgd door de laatste 3 nummers van diens patiëntnummer. In een bepaalde onderzoeksopzet kan het zelfs zeer wenselijk zijn dat herleidbaarheid makkelijk mogelijk moet zijn; wanneer er bijvoorbeeld sprake is van (medische) toevalsbevindingen die gedeeld dienen te worden met de betreffende patiënt.

Bij een dergelijke persoonsgegevensverwerking is de Wbp onverkort van kracht. Dit is dus iets anders dan het anonimiseren van gegevens. Hierbij worden de gegevens van direct (de communicatiegegevens) en indirect identificerende kenmerken ontdaan. Op een dergelijke gegevensverwerking is, zoals beschreven, de Wbp niet van toepassing.

Bijzondere persoonsgegevens

Onder de Wbp is er een categorie bijzondere persoonsgegevens[5] die extra bescherming geniet aangezien het om privacygevoelige informatie gaat, zoals gegevens over de gezondheid van een betrokkene aan een onderzoek. Voor het gebruik van deze data zijn extra maatregelen van kracht. De Wbp stelt hier in een apart artikel (21) nadere eisen aan. Zo heeft iedereen die met andermans medische gegevens werkt, een nadrukkelijke geheimhoudingsplicht ten aanzien

---

3 Gedragscode gezondheidsonderzoek (2004), Federatie van Medisch Wetenschappelijke Verenigingen, op moment van schrijven in revisie.
4 Gedragscode voor onderzoek en statistiek (2009), Autoriteit Persoonsgegevens
5 *Bijzondere gegevens: persoonsgegevens betreffende iemands godsdienst of levensovertuiging, ras, politieke gezindheid, gezondheid, seksuele leven, alsmede persoonsgegevens betreffende het lidmaatschap van een vakvereniging, strafrechtelijke persoonsgegevens en persoonsgegevens over onrechtmatig of hinderlijk gedrag in verband met een opgelegd verbod naar aanleiding van dat gedrag.*

van deze gegevens. Bovendien mag niet iedereen deze gegevens verwerken, en is dit beperkt tot voornamelijk hulpverleners of zorginstellingen, verzekeraars, reclasseringsinstellingen, scholen voor de speciale begeleiding van leerlingen met gezondheidsproblemen, en werkgevers ten aanzien van pensioenvoorzieningen en eventueel re-integratietrajecten. Uit hoofde van hun functie, is voorts contractueel als middels de op de branche van toepassing zijnde CAO bepaald dat een geheimhoudingsplicht/medisch beroepsgeheim onverkort van kracht is, ook na beëindiging van de overeenkomst. Dit medisch beroepsgeheim is leidend, ook in het geval waarin de onderzoeker werkzaam is bij een zorginstelling en uit hoofde van diens functie toegang tot het medisch dossier van patiënten heeft. In dit geval blijft het noodzakelijk dat er een wettelijke grondslag voor raadplegen van het dossier aanwezig is. Het screenen van dossiers op potentiële deelnemers voor een onderzoek valt hier nadrukkelijk niet onder!

9.2.2 Wettelijke regels bij verwerking persoonsgegevens bij onderzoek

Wanneer het gaat om verwerking van persoonsgegevens in het algemeen in een onderzoek setting dienen onderstaande uitgangspunten in acht genomen te worden.[6]

1. Er worden niet meer persoonsgegevens verzameld bij het uitvoeren van onderzoek dan noodzakelijk voor het onderzoek. Bijvoorbeeld: een onderzoek naar de ontwikkeling van een kind, dient geen gegevens te verzamelen over de kwaliteit van leven van de ouder(s).
2. Persoonsgegevens worden niet langer dan noodzakelijk is in identificeerbare vorm verwerkt voor het onderzoek. Bijvoorbeeld: wanneer een gestructureerd interview is omgezet in een transcript, kan de opgenomen tape vernietigd worden.
3. Persoonsgegevens worden niet voor andere doelen verwerkt dan de doelstelling of doelstellingen van het onderzoek waarvoor deze zijn verzameld. Bijvoorbeeld: patiënten die een vragenlijst invullen over hun bloeddruk, mogen niet geconfronteerd worden met aanbiedingen van fabrikanten van een bloeddrukmeter voor thuisgebruik.
4. De rapportage van onderzoek zal nooit gegevens bevatten die een individuele natuurlijke persoon kunnen identificeren, tenzij de ondubbelzinnige toestemming van de betrokkene hiervoor is verkregen. Bijvoorbeeld: een foto van deelnemers in een groepssessie voor alcoholverslaafden waarbij herkenning via postuur/houding/mimiek kan geschieden.
    1. Indien gegevens rechtstreeks worden verzameld bij betrokkene – zoals in het geval van een gestructureerde vragenlijst of interview – zal worden verteld:
        a) wat het doel is van het onderzoek is;
        b) wie de onderzoeksorganisatie is; en
        c) als de onderzoeksorganisatie een andere is dan de opdrachtgever, desgevraagd, de naam van de opdrachtgever.
    2. Indien de betrokkene daarom verzoekt wordt medegedeeld waar nadere informatie over het onderzoek kan worden verkregen.
5. De betrokkene wordt vooraf geïnformeerd over het gebruik van video- of audioapparatuur om persoonsgegevens te verzamelen, om te verwerken in het onderzoek. Opnamen gemaakt met video- of audioapparatuur zullen nooit onderdeel vormen van de rapportage, tenzij met ondubbelzinnige toestemming van de betrokkene van wie opnamen zijn gemaakt of wanneer de opnamen zodanig zijn bewerkt dat identificatie van een individuele natuurlijke persoon niet mogelijk is.

---

6 Gedragscode voor onderzoek en statistiek (2009), Autoriteit Persoonsgegevens

6. Indien persoonsgegevens worden verzameld op grond van eigen observatie zonder de betrokkene daarvan op de hoogte te stellen, wordt de Autoriteit Persoonsgegevens gevraagd om een voorafgaand onderzoek te verrichten om te kijken of de verwerking aan alle wettelijke eisen voldoet. De observatie kan niet starten voordat de Autoriteit Persoonsgegevens de verwerking rechtmatig heeft verklaard.

De items onder nummer 5 dienen verwerkt te zijn in een zorgvuldig 'informed consent', zie hiervoor ▶ H. 3, 'Ontwerpfase'.

9.2.3 Nadere regels bij de verwerking van bijzondere persoonsgegevens

Een categorie gegevens die extra bescherming geniet onder de Wbp zijn de bijzondere persoonsgegevens zoals gegevens betreffende de gezondheid. De hoofdregel die daarbij luidt is: 'uitdrukkelijke toestemming van betrokkene' dient te worden verkregen. Het uitvoeren van onderzoek waarbij bijzondere gegevens worden verwerkt is toegestaan als de betrokkenen hun *uitdrukkelijke toestemming* daarvoor hebben gegeven.

Uitzonderingen: zonder uitdrukkelijke toestemming

Het uitvoeren van onderzoek zonder uitdrukkelijke toestemming van de betrokkene waarbij bijzondere gegevens worden verwerkt die hetzij direct of indirect herleidbaar zijn, is toegestaan indien:

Uitzondering 1: er kan niet worden verlangd dat toestemming wordt gevraagd

Voorwaarden:
1. dat het onderzoek een algemeen belang dient; bijvoorbeeld het middels evidence-based onderzoek vaststellen of verbeteren van een landelijke richtlijn binnen de fysiotherapie.
2. dat de verwerking voor het betreffende onderzoek noodzakelijk is (het onderzoek kan niet worden uitgevoerd zonder deze vorm van gegevensverstrekking); bijvoorbeeld een retrospectief statusonderzoek naar de follow-up van een oncologische behandeling.
3. dat het vragen van uitdrukkelijke toestemming onmogelijk blijkt (bijvoorbeeld onderzoek naar gezamenlijke besluitvorming bij inmiddels overleden cliënten) of een onevenredige inspanning kost (bijvoorbeeld onderzoek naar het niet komen opdagen bij een afspraak binnen een zorginstelling waarbij het om duizenden patiënten gaat), *en*
4. dat de uitvoering zodanig is voorzien van waarborgen dat de persoonlijke levenssfeer van betrokkene niet onevenredig wordt geschaad (herleiding dient redelijkerwijs te worden voorkomen). Bijvoorbeeld een (foto van een) CT-scan van een patiënt ontdoen van karakteriserende eigenschappen als paginanummer, zorginstelling, röntgenlaborant etc.

Uitzondering 2:

Het uitvoeren van onderzoek zonder uitdrukkelijke toestemming van de betrokkene waarbij bijzondere gegevens worden verwerkt is toegestaan indien deze gegevens op een zodanige wijze worden aangeleverd aan degene die in opdracht van de betreffende organisatie het onderzoek uitvoert, dat de gegevens een individuele natuurlijke persoon niet kunnen identificeren.[7]

---

7 Gedragscode voor onderzoek en statistiek (2009), Autoriteit Persoonsgegevens

9.2.4 Rechten van de betrokkene

Op grond van de Wbp heeft degene wiens gegevens verwerkt worden recht op inzage, correctie, afscherming en vernietiging.

Recht op informatie
Iedere betrokkene heeft recht te weten welke informatie er over hem/haar wordt verwerkt in relatie tot welk doeleinde. Een onderzoeker dient hier transparant in te zijn en de betrokkene zorgvuldig voor te lichten. Op aanvraag kunnen deze gegevens door degene die de gegevens verwerkt worden verstrekt.

Recht op correctie/aanvulling/verwijdering
Betrokkene kan zich beroepen op dit recht indien er sprake is van verwerking die gebaseerd is op feitelijk onjuiste gegevens, voor het doel onvolledig of niet ter zake dienend is, of in strijd is met een wettelijk voorschrift.

Recht op afscherming
Betrokkene kan met een beroep op bijzondere persoonlijke omstandigheden zijn persoonsgegevens afschermen tegen verdere verwerking voor onderzoeksdoeleinden.

Recht op verzet
De betrokkene heeft het recht zich te verzetten tegen de persoonsgegevensverwerking (art. 40-41 Wbp). Er bestaat altijd een relatief verzet, waarbij de betrokkene te kennen geeft niet gecharmeerd te zijn van de gegevensverwerking. Degene die verantwoordelijk is voor de gegevensverwerking heeft nu de keuze om dit verzet ter harte te nemen en er mee te stoppen, maar kan ook van mening zijn dat er een rechtvaardigingsgrond bestaat om toch te verwerken. Indien dat laatste het geval is, dan rest de betrokkene niets anders dan de gang naar de rechter, die dan zal beoordelen of er inderdaad sprake kan zijn van een rechtvaardigingsgrond, zelfs als de betrokkene het niet wil. In geval van direct-marketing activiteiten bestaat er altijd een absoluut verzet: het bedrijf of de instelling die persoonsgegevens gebruikt om uiteindelijk wat te verkopen moet daar op verzoek van de betrokkene altijd, zonder uitzondering, mee stoppen.

Plichten van de verantwoordelijke
Degene die verantwoordelijk is voor persoonsgegevensverwerking heeft een meldingsplicht, tenzij in aanvullende regelgeving op de Wbp is bepaald dat de verwerking is uitgezonderd van deze meldingsplicht.[8] Deze plicht tot melden wil zeggen dat de persoon of instelling de Autoriteit Persoonsgegevens op de hoogte moet stellen van het feit dat er persoonsgegevens verwerkt worden. In sommige sectoren is er een Functionaris Gegevensbescherming aangesteld die namens de branche toezicht houdt op het naleven van de Wbp. In dat geval kan een melding gedaan worden bij deze functionaris, die zorg draagt voor de verdere melding.

---

8   Besluit van 7 mei 2001, houdende aanwijzing van verwerkingen van persoonsgegevens die zijn vrijgesteld van de melding bedoeld in artikel 27 van de Wet bescherming persoonsgegevens (Vrijstellingsbesluit Wbp)

9.2.5 Publicatie en persoonsgegevens

Onder publicatie verstaan we het naar buiten brengen van onderzoeksresultaten. Dit kan bijvoorbeeld door het plaatsen van het artikel in een HBO-kennisbank alsmede publicatie in een gerenommeerd wetenschappelijk tijdschrift.

Uit bovenstaande blijkt dat het zaak is om zo spaarzaam mogelijk om te gaan met persoonsgegevens (en bij voorkeur anonieme gegevens te gebruiken) en te zorgen dat er geen individuen herkenbaar te zijn in de onderzoeksverslagen of in (inter)nationale publicaties van het onderzoek. Gevoelige onderzoeksresultaten die betrekking hebben op te kleine populatiegroottes – waardoor de herleidbaarheid naar een individu aanwezig is – mogen in beginsel niet gepubliceerd worden, tenzij betrokkenen hierover zorgvuldig zijn geïnformeerd en voor publicatie ondubbelzinnig toestemming hebben gegeven. Binnen het praktijkgericht onderzoek gaat het in veel gevallen om onderzoek binnen een beperkte setting; de herleidbaarheid naar de betrokken deelnemers is vaak groot. Een voorbeeld waarin dit voor de deelnemers mogelijk verkeerd kan uitpakken is wanneer verzorgenden in een verzorgingstehuis in het kader van een praktijkgericht onderzoek wordt gevraagd naar ernstige incidenten op de werkvloer. Betrokken deelnemers kunnen, door uitlatingen over negatieve ervaringen in bepaalde situaties (en de rol die teamleiders of de organisatie hierin spelen), mogelijk in een vervelende situatie komen. Hier dient de onderzoeker in de opzet over te na te denken en volledig transparant te zijn richting de, dan nog potentiële, deelnemers.

9.2.6 Foto- en videomateriaal bij onderzoek

Uitgangspunt is dat opnamen gemaakt met video- of audioapparatuur in principe nooit onderdeel vormen van de rapportage, tenzij:
1. *ondubbelzinnige toestemming is verkregen van degene van wie opnamen zijn gemaakt.* De persoon in kwestie moet in ieder geval toestemming geven voordat de opname gemaakt wordt. Daarbij moet hij/zij geïnformeerd worden over het doel van de opname (in kader van een bijvoorbeeld een behandeling, opleiding, onderzoek of onderwijs), hoe lang de opname wordt bewaard en wie toegang tot de opname heeft. De opname moet na het gebruik voor het vooraf vastgelegde doel worden vernietigd. Het doel van het plaatsten van het beeldmateriaal op een openbare site/cloud is primair bedoeld voor onderwijsdoeleinden maar betrokkene moet er wel op geattendeerd worden dat de openbare beelden voor andere doeleinden dan onderwijs gebruikt kunnen worden (geen toezicht geborgd) door een ieder die de beelden kan aanwenden. Een volledige voorlichting is dus noodzakelijk. Daarnaast is een jaarlijks geüpdatete toestemming van betrokken deelnemers wenselijk. Een patiënt die wordt gefilmd gedurende een ziekbed en waarvan een documentaire wordt uitgezonden op televisie mag gebruikt worden voor onderwijsdoeleinden.
2. *indien de opnamen zodanig zijn bewerkt dat identificatie van een individuele natuurlijke persoon niet mogelijk is.* Er mogen dan geen aanknopingspunten zijn in de opname die kunnen zorgen voor herleidbaarheid van het individu. Zo heeft het 'blurren' van het gezicht van een op video vastgelegde geïnterviewde deelnemer geen zin als deze diens personeelsbadge nog zichtbaar draagt.

9.2.7 Informed consent bij WMO-onderzoek

Waar het onderzoek betreft dat onder de WMO valt, dient de waarborg voor het gebruik van data te liggen in het gebruik van een adequaat 'informed consent' (geïnformeerde toestemming), temeer omdat er in dit type onderzoek veelvuldig gebruik wordt gemaakt van de verwerking van medische gegevens. Uit het oogpunt van eerbiediging en bescherming van de privacy van de proefpersoon is het essentieel dat er zorgvuldig omgegaan wordt met deze categorie bijzondere persoonsgegevens. Een beschrijving van de wijze waarop verwerking plaatsvindt, wie er toegang heeft tot gegevens en hoelang en op welke manier en plaats deze gegevens bewaard worden is daarom belangrijk. Tevens dient de proefpersoon op grond van de WMO expliciet schriftelijke toestemming te geven voor deelname. In dit informed consent (nader beschreven in ▶ par. 3.4) dient in ieder geval te staan dat de proefpersoon akkoord geeft voor:

- het inzien van verzamelde gegevens zoals in de informatiebrief weergegeven;
- het gebruik van verzamelde gegevens, voor doelen die in de informatiebrief staan;
- het bewaren van onderzoeksgegevens tot 15 jaar na afloop van het onderzoek.[9]

Op basis van dit informed consent waarin de doelbinding van het onderzoek nadrukkelijk is vastgelegd mogen de gegevens niet voor nadere en/of andere doeleinden worden gebruikt. Dit betekent dat een heranalyse van de data wél is toegestaan maar dat het gebruiken van de gegevens voor een andere onderzoeksvraag of voor andere doeleinden (bijvoorbeeld marketingdoeleinden) nadrukkelijk niet is toegestaan.

9.3 Intellectueel eigendom en onderzoek

In de *Gedragscode praktijkgericht onderzoek voor het HBO*[10] is bepaald dat onderzoekers in het hbo 'zorgvuldig en integer' zijn; ze maken gebruik van reeds beschikbare kennis uit de praktijk en wetenschap en zij rapporteren juist, compleet, nauwkeurig en navolgbaar. Ze zijn eerlijk over de bronnen die zij gebruiken en zorgen dat de intellectuele eigendomsrechten van data, resultaten en innovaties goed zijn geregeld. Maar wat betekent dit nu in de praktijk? In deze paragraaf verkennen we eerst wat 'intellectueel eigendom' precies is. Daarna bespreken we de vorm van intellectueel eigendom die in de context van dit boek het meest relevant is: auteursrecht. De aard van het auteursrecht wordt uiteengezet, en vervolgens worden enkele belangrijke elementen nader toegelicht, zoals bronvermelding en plagiaat, de publicatieplicht, en persoonlijkheidsrechten en exploitatierecht.

9.3.1 Intellectueel eigendom

Met het begrip intellectueel eigendom bedoelen we dat iemand het eigendom heeft op een creatieve prestatie. Die creatieve prestatie kan van alles zijn, zoals het doen van een uitvinding, het ontwerpen van een bedrijfslogo, het schrijven van een boek of het ontwerpen van een gebouw. Voor verschillende soorten creatieve prestaties hebben we andere soorten van intellectueel eigendom, waarbij dus ook verschillende wetten en procedures horen. Zo heb je op een

---

9 CCMO-richtlijnen inzake informed consent
10 *Gedragscode Praktijkgericht Onderzoek voor het HBO* (2010), HBO raad vereniging van hogescholen.

uitvinding een octrooi, op een bedrijfslogo een merkenrecht, en op het boek of het ontwerp van een gebouw een auteursrecht.

Het woord 'eigendom' wil zeggen dat degene die het intellectueel eigendom bezit daar een alleenrecht op heeft. Dat betekent op de eerste plaats dat diegene gebruik mag maken van deze creatieve prestatie, met uitsluiting van alle anderen. Het betekent op de tweede plaats dat het eigendom ook (gedeeltelijk) overdraagbaar is. De eigenaar van intellectueel eigendom kan er voor kiezen anderen toestemming te geven er (soms tegen betaling) gebruik van te maken. Zo kan iemand die een octrooi heeft op een medische toepassing maar niet de middelen heeft er op grote schaal wat mee te doen, een bedrijf toestemming geven dat patent door te ontwikkelen of de toepassing op de markt te brengen.

9.3.2 Auteursrecht

Auteursrecht is dus een bepaalde vorm van intellectueel eigendom. We gaan hier dieper op in omdat deze vorm van intellectueel eigendom in de context van praktijkgericht onderzoek het meeste voor zal komen. Auteursrecht is het recht van de maker van een oorspronkelijk (origineel) werk, om dit werk openbaar te maken en te verveelvoudigen. In artikel 1 van *de Auteurswet*[11] wordt het auteursrecht als volgt omschreven: *Het auteursrecht is het uitsluitend recht van de maker van een werk van letterkunde, wetenschap of kunst, of van diens rechtverkrijgenden, om dit openbaar te maken en te verveelvoudigen, behoudens de beperkingen, bij de wet gesteld.*

Een 'werk' in de zin van de Auteurswet is een op enigerlei wijze zintuiglijk waarneembare vorm van ideeën, gedachten of gevoelens van de maker. Een werk moet een eigen oorspronkelijk karakter hebben en het persoonlijk stempel van de maker dragen. Een 'werk' in auteursrechtelijke zin behelst niet alleen boeken, brochures of andere geschriften maar ook mondelinge voordrachten, muziekwerken, choreografische werken, bouwkundige ontwerpen, fotografische ontwerpen, computerprogramma's en databanken.[12]

Niet beschermd zijn feiten, gegevens, ideeën, gedachten, methoden, theorieën en dergelijke. Dat is een belangrijke uitzondering. Het betekent bijvoorbeeld dat niemand een toegepaste methode in de (para)medische wereld kan bezitten. Zo kan iemand bijvoorbeeld een stappenplan bedenken om het duimen van een kind af te leren wanneer dat gevolgen heeft voor diens spraak. Echter, op deze toegepaste methode kan de bedenker geen auteursrecht hebben. Op de wetenschappelijke publicatie of lesmethode die daarover verschijnt, kan de auteur wel auteursrecht hebben. Dit betekent dus dat iedereen deze methode mag gebruiken in het werkveld, maar dat de tekst van de publicatie niet zomaar door anderen gekopieerd of verspreid mag worden zonder toestemming van de auteur.

De hoofdregel is dat degene die een oorspronkelijk werk zélf heeft gecreëerd het auteursrecht daarop heeft. Makers zijn bijvoorbeeld regisseurs, componisten, fotografen, schrijvers of kunstenaars, en men is ook een maker van bijvoorbeeld video-opnames. Een voorbeeld hiervan is wanneer een ziekenhuis een mediabedrijf een opdracht geeft om filmpjes te vervaardigen om de informatievoorziening aan patiënten met borstkanker te verbeteren. Door van alle behandelingen, ingrepen en onderzoeken een filmpje te maken, wordt voor deze patiënten duidelijk wat hen te wachten staat. Deze filmpjes worden via een interactieve site van het ziekenhuis beschikbaar gesteld aan de doelgroep patiënten. Hiermee wordt het eigendom van de inhoud van de filmpjes echter niet overgedragen; dit blijft liggen bij het mediabedrijf. Een vermelding

---

11 Wet van 23 September 1912, houdende nieuwe regelingen van het auteursrecht, Stb. 1912, 308.
12 Artikel 10 Auteurswet.

van diens naam/werk is allereerst wenselijk en vaak ook contractueel overeengekomen. Daarnaast is het niet toegestaan om de filmpjes voor andere doeleinden te gebruiken dan contractueel overeengekomen is.

Een belangrijke uitzondering op de hoofdregel is dat een werkgever in wiens dienst werken zijn vervaardigd in principe als maker wordt aangemerkt. Voor het hbo is dit nader uitgewerkt in de CAO hbo. Dit betekent dat het auteursrecht alsmede de baten voortvloeiend uit het vervaardigen van een werk in de zin van de Auteurswet toekomen aan de werkgever, indien het vervaardigen door de werknemer in de uitoefening van zijn functie is of wordt verricht ten behoeve van de werkgever. Overigens bestaat de wettelijke mogelijkheid dit contractueel uit te sluiten, zodat de werknemer de auteursrechten op diens werk behoudt. Hier wordt echter zelden tot nooit gebruik van gemaakt.

Wat houdt dat concreet in voor een door een student vervaardigd onderzoek die binnen een kennis- of onderwijsorganisatie een afstudeeronderzoek doet? Mag de student als schrijver van het onderzoek de resultaten van dat onderzoek meenemen naar een toekomstige werkgever? Nee: de individuele student is niet de 'maker' in de zin van de Auteurswet. Dat is namelijk de docent die een opdracht verstrekt of supervisor van een afstudeeronderzoek. Dit betekent dus dat de school auteursrecht heeft op het werk van haar studenten. Afgerond onderzoek *dat* is opgeslagen in een voor studenten beschikbare database, die kan geraadpleegd worden en wellicht als inspiratie kan dienen voor een her/meta-analyse of vervolgonderzoek, mag 'gebruikt' worden voor deze onderzoeksdoeleinden. Echter dienen hierbij wel de regels inzake plagiaat in acht te worden genomen (opgenomen in ▶ par. 9.3.4). Uit recente jurisprudentie[13] is gebleken dat er geen gebruik van een foto mag worden gemaakt, door deze bijvoorbeeld op een website te publiceren, als de gebruiker niet weet wie de fotograaf is. Hierbij valt te denken aan het gebruiken van een in de krant aangetroffen coverplaatje voor een afstudeeronderzoek of bijvoorbeeld een foto van een operatiekamer in een eindverslag over een stage in een ziekenhuis.

Degene die de foto publiceert moet onderzoeken of de betreffende foto auteursrechtelijk beschermd is en of het gebruik hiervan een inbreuk zou kunnen betekenen op het auteursrecht van de fotograaf. Een dergelijk onderzoek aldus de rechter kan als volgt plaats vinden: *"Daarvoor zijn [...] in Nederland instellingen in het leven geroepen die daarnaar onderzoek kunnen doen en die in staat zijn de fotograaf te achterhalen en die kunnen bemiddelen tussen fotograaf en diegene die van de foto gebruik wil maken. Dergelijke instanties vrijwaren de gebruiker van de foto tegen iedere vorm van aansprakelijkheid als er geen contact tot stand komt tussen fotograaf en afnemer."*

Kortom: wie niet weet wie de fotograaf is, mag dus niet overgaan tot openbaarmaking van de foto. Mede om die reden bestaan er databanken met rechtenvrije foto', afbeeldingen en cartoons. Studenten mogen dus niet zomaar 'plaatjes van internet halen' om in hun verslag te verwerken.

9.3.3 Portretrecht

De Auteurswet zelf regelt het kader waarbinnen afbeeldingen waarop iemand herkenbaar in beeld is gebracht, gebruikt mogen worden. We noemen het privacyrecht van de geportretteerde ook wel 'portretrecht'.[14] Wanneer de foto van de geportretteerde in opdracht van diegene zelf is gemaakt mag de fotograaf dit sowieso nooit zonder diens toestemming publiceren. Is de foto niet in opdracht gemaakt, dan kan iedereen die erop staat en daar een privacybelang bij heeft de

---

13 Rb. Overijssel 24 februari 2015, zaaknummer 3520107
14 Artikel 19 en 20 Auteurswet.

publicatie tegengaan door zich te beroepen op diens portretrecht. Een voorbeeld hiervan is het toevoegen van een foto van een patiënt met een zeldzame aandoening aan een wetenschappelijke publicatie. Ook al is het gezicht niet (goed) zichtbaar; een houding, postuur of bijvoorbeeld een karakteristiek kenmerk als een tatoeage kunnen diens identiteit onthullen. Veel tijdschriften eisen dan ook een informed consent van de persoon in kwestie om zich juridisch in te dekken tegen eventuele claims.

9.3.4 Bronvermelding en plagiaat

Als hulpmiddel bij het correct citeren en parafraseren en het verwijzen naar gebruikte bronnen in een tekst heeft de *American Psychological Association* regels gepubliceerd over de wijze waarop literatuurverwijzingen vermeld kunnen worden. Deze APA-richtlijnen worden inmiddels door veel universiteiten, hogescholen en andere instellingen gehanteerd. Plagiaat is het overnemen van teksten van anderen zonder daarbij duidelijk te maken dat de tekst is overgenomen, van wie en uit welk werk de tekst afkomstig is.

Een recent fenomeen in de wetenschap is de term 'zelfplagiaat'. Dit betekent dat een onderzoeker delen uit haar/zijn eerdere werk kopieert en elders nog eens publiceert, zonder daarbij te verwijzen naar de eerdere publicatie. Hoewel het juridisch gezien maar zeer de vraag is of dit echt in strijd is met het auteursrecht – je kunt ten slotte lastig iets stelen dat al van jou is – wordt het als een onethische gang van zaken gezien. Het heeft in ieder geval de afgelopen jaren de nodige koppen gekost in de academische wereld.

9.3.5 Persoonlijkheidsrecht en exploitatierechten

Auteursrecht kan worden opgedeeld in twee onderdelen: persoonlijkheidsrecht en exploitatierecht. Het persoonlijkheidsrecht wil zeggen dat de naam van de auteur onlosmakelijk met diens werk verbonden is. Het maakt niet uit in hoeverre zij/hij diens exploitatierechten doorverkoopt: de naam van de oorspronkelijke auteur is altijd verbonden aan het werk. Persoonlijkheidsrecht wil ook zeggen dat een auteur het recht heeft te beschikken over diens werk, en waar zij/hij van mening is dat het wordt geschonden daartegen te ageren voor een rechter. In de context van het doen van wetenschappelijk onderzoek is het toekennen van deze persoonlijkheidsrechten een gevoelige kwestie: het is lang niet altijd zo dat de auteurs wiens naam verbonden zijn aan een artikel ook daadwerkelijk substantieel hebben bijgedragen aan het schrijven ervan. De toekenning van deze namen is soms eerder een politieke kwestie dan een juridische. Van een promovendus die publiceert zal bijvoorbeeld vaak verwacht worden ook de naam van diens promotor boven het artikel te zetten, omdat de promotor doorgaans diens middelen en netwerk ter beschikking stelt om de publicatie te realiseren. Vanuit een juridisch, maar wellicht ook vanuit een ethisch oogpunt, kunnen hier echter vraagtekens bij gezet worden.

De exploitatierechten zijn grofweg de rechten waarmee geld verdiend wordt aan het werk. Deze komen in eerste instantie aan de maker van het werk toe (dus degene die het persoonlijkheidsrecht bezit). We hebben al gezien dat werk gemaakt in een werkgever-werknemer relatie hier een uitzondering op vormt. De exploitatierechten zijn de rechten om werk openbaar te maken en te vermenigvuldigen. Beide rechten kunnen door de maker van een werk (gedeeltelijk) doorverkocht worden. De auteur van een wetenschappelijk artikel verkoopt bijvoorbeeld het recht om openbaar te maken en te vermenigvuldigen door aan de uitgever die het artikel wil plaatsen.

9.4 Verzekering voor deelnemers

Doorgaans is het verstandig of zelfs verplicht proefpersonen te verzekeren voor deelname aan een onderzoek, mocht er tijdens de duur van het onderzoek schade ontstaan bij hem of haar. We spreken in veel gevallen van een verplichte verzekering in de context van WMO-plichtig onderzoek. Daarnaast is het soms ook bij niet WMO-plichtig onderzoek verstandig een verzekering af te sluiten. Ten slotte bestaan er algemene aansprakelijkheidsverzekeringen die schade kunnen dekken die ontstaat bij het uitvoeren van onderzoek waar patiënten of gezonde vrijwilligers aan deelnemen.

9.4.1 WMO: verzekering voor proefpersonen

Uitgangspunt is dat alle personen die deelnemen aan onderzoek dat valt onder de breedte van de WMO, verzekerd moeten zijn voor de (eventueel) door deelname aan het onderzoek veroorzaakte schade. Bij de medisch-ethische toets door een erkende METC wordt gecontroleerd of er een verzekering voor de proefpersonen dient te worden afgesloten in verband met een mogelijk aanwezig risico. Onder bepaalde voorwaarden is ontheffing van de verzekering mogelijk. Zoals bijvoorbeeld bij een intensief vragenlijstonderzoek onder partners van patiënten met kanker naar de gevolgen van deze ziekte op hun kwaliteit van leven. De hoofdonderzoeker kan, indien hij van mening is dat de deelnemers niet of minimaal worden blootgesteld aan een mogelijk risico, aan de METC ontheffing van de verzekeringsplicht aanvragen. De METC toetst voorts of er daadwerkelijk sprake is van geen of een te verwaarlozen risico, waarbij de kans op schade nihil dient te zijn. Zij beoordeelt dit door de potentiële risico's van deelname aan het onderzoek – extra ten opzichte van de reguliere zorg – in beeld te brengen. Zij adviseert voorts of een verzekering voor proefpersonen al dan niet wenselijk en/of noodzakelijk is.

In het *Besluit verplichte verzekering bij medisch-wetenschappelijk onderzoek met mensen* (2015) zijn nadere regels opgenomen waaraan de verzekering moet voldoen. Bij ontheffing van de verzekeringsplicht voor de WMO-proefpersonenverzekering is wel een aansprakelijkheidsdekking van de instelling waar het onderzoek uitgevoerd zal worden vereist.

9.4.2 Niet-WMO: verzekering voor deelnemers

Wanneer het onderzoek niet onder de reikwijdte van de WMO valt, kan het incidenteel toch verstandig zijn om voor de deelnemers van dat specifieke onderzoek een verzekering af te sluiten. Hierbij dient de afweging te worden gemaakt wat de risico's zijn die mogelijk kunnen optreden bij deelname aan het onderzoek en de schade die zich potentieel voor kan doen bij verwezenlijking van deze risico's. Te denken valt hierbij aan onderzoek waarin de deelnemers handelingen dienen te verrichten in de zin van een kortdurende, niet-invasieve fysieke inspanning (zoals het hard lopen op een loopband) waarbij de kans aanwezig is dat de deelnemer van de loopband valt en, dientengevolge, lichamelijke schade ondervindt. Bij twijfel over het al dan niet extra afsluiten van een deelnemersverzekering bovenop de aansprakelijkheidsverzekering kan het beste contact gezocht worden met de afdeling juridische zaken van de onderwijsinstelling.

9.4.3 Aansprakelijkheidsverzekering: voor alle type onderzoek

Aan de aansprakelijkheidsverzekering in het algemeen worden in de wet (waaronder de WMO) geen speciale voorwaarden gesteld. Een gangbare aansprakelijkheidsverzekering, die dekking biedt voor alle onderwijsgerelateerde activiteiten volstaat in het algemeen. De verzekering moet uiteraard wel het hele onderzoek dekken. De polis van een aansprakelijkheidsverzekering in het hoger onderwijs biedt doorgaans dekking voor schade die wordt veroorzaakt in de hoedanigheid van stichting tot bevordering van onderwijs, alsmede daarmee samenhangende en ondersteunende activiteiten waaronder het verstrekken van onderwijs, het verzorgen van stageplaatsen en het verrichten van werkzaamheden voor derden (contractonderwijs/-onderzoek, 3e geldstroomactiviteiten). Deze hoedanigheid zal weliswaar ruim worden uitgelegd in geval van schade, maar geeft wel een beperking aan van de activiteiten die binnen de dekking van de polis vallen. Via de afdeling juridische zaken van de onderwijsinstelling kan dit worden uitgezocht.

MIX
Papier aus verantwortungsvollen Quellen
Paper from responsible sources
FSC® C105338

If you have any concerns about our products,
you can contact us on
ProductSafety@springernature.com

In case Publisher is established outside the EU,
the EU authorized representative is:
**Springer Nature Customer Service Center GmbH
Europaplatz 3, 69115 Heidelberg, Germany**

Printed by Libri Plureos GmbH
in Hamburg, Germany